Ye
44

LES ORIENTALES

PAR

VICTOR HUGO

ILLUSTRATIONS PAR GÉRARD SÉGUIN

PARIS

J. HETZEL, LIBRAIRE-ÉDITEUR,

18, RUE JACOB.

2ᵉ Série des Poésies.   Prix : 65 centimes.

10 CENTIMES.   ILLUSTRATIONS PAR GÉRARD SÉGUIN.   10 CENTIMES.

LES ORIENTALES

PAR
VICTOR HUGO

PRÉFACE.

L'auteur de ce recueil n'est pas de ceux qui reconnaissent à la critique le droit de questionner le poëte sur sa fantaisie, et de lui demander pourquoi il a choisi tel sujet, broyé telle couleur, cueilli à tel arbre, puisé à telle source. L'ouvrage est-il bon ou est-il mauvais? Voilà tout le domaine de la critique. Du reste, ni louanges ni reproches pour les couleurs employées, mais seulement pour la façon dont elles sont employées. A voir les choses d'un peu haut, il n'y a en poésie ni bons ni mauvais sujets, mais de bons et de mauvais poëtes. D'ailleurs, tout est sujet; tout relève de l'art; tout a droit de cité en poésie. Ne nous enquérons donc pas du motif qui nous a fait prendre ce sujet, triste ou gai, horrible ou gracieux, éclatant ou sombre, étrange ou simple, plutôt que cet autre. Examinons comment vous avez travaillé, non sur quoi et pourquoi.

Hors de là, la critique n'a pas de raison à demander, le poëte pas de compte à rendre. L'art n'a que faire des lisières, des menottes, des bâillons; il vous dit : Va! et vous lâche dans ce grand jardin de poésie, où il n'y a pas de fruit défendu. L'espace et le temps sont au poëte. Que le poëte donc aille où il veut en faisant ce qui lui plaît : c'est la loi. Qu'il croie en Dieu ou aux dieux, à Pluton ou à Satan, à Canidie ou à Morgane, ou à rien ; qu'il acquitte le péage du Styx, qu'il soit du Sabbat ; qu'il écrive en prose ou en vers, qu'il sculpte en marbre ou coule en bronze ; qu'il prenne pied dans tel siècle ou dans tel climat; qu'il soit du midi, du nord, de l'occident, de l'orient; qu'il soit antique ou moderne; que sa muse soit une Muse ou une fée, qu'elle se drape de la colocasia ou s'ajuste la cotte-hardie; c'est à merveille. Le poëte est libre. Mettons-nous à son point de vue, et voyons.

L'auteur insiste sur ces idées, si évidentes qu'elles paraissent, parce qu'un certain nombre d'*Aristarques* n'en est pas encore à les admettre pour telles. Lui-même, si peu de place qu'il tienne dans la littérature contemporaine, il a été plus d'une fois l'objet de ces méprises de la critique. Il est advenu souvent qu'au lieu de lui dire simplement : Votre livre est mauvais, on lui a dit : Pourquoi avez-vous fait ce livre? Pourquoi ce sujet? Ne voyez-vous point que l'idée première est horrible, grotesque, absurde (n'importe!), et que le sujet chevauche hors des *limites de l'art?* Cela n'est pas joli, cela n'est pas gracieux. Pourquoi ne point traiter des sujets qui nous plaisent et nous agréent? Les étranges caprices que vous avez là ! etc., etc. A quoi il a toujours fermement répondu que ces caprices étaient ses caprices; qu'il ne savait pas en quoi étaient faites les *limites de l'art;* que de géographie précise du monde intellectuel, il n'en connaissait point; qu'il n'avait point encore vu de cartes routières de l'art, avec les frontières du possible et de l'impossible tracées en rouge et en bleu ; qu'enfin il avait fait cela, parce qu'il avait fait cela.

Si donc aujourd'hui quelqu'un lui demande à quoi bon ces *Orientales?* Qui a pu lui inspirer de s'aller promener en Orient pendant tout un volume? Que signifie ce livre inutile de pure poésie, jeté au milieu des préoccupations graves du public et au seuil d'une session? Où est l'opportunité? A quoi rime l'Orient?... Il répondra qu'il n'en sait rien, que c'est une idée qui lui a pris, et qui lui a pris d'une façon assez ridicule, l'été passé, en allant voir coucher le soleil.

Il regrettera seulement que le livre ne soit pas meilleur.

Et puis, pourquoi n'en serait-il pas d'une littérature dans son ensemble, et en particulier de l'œuvre d'un poëte, comme de ces belles vieilles villes d'Espagne, par exemple, où vous trouvez tout : fraîche promenade d'orangers le long d'une rivière; larges places ouvertes au grand soleil pour les fêtes; rues étroites, tortueuses, quelquefois obscures, où se lient les unes aux autres mille maisons de toute forme, de tout âge, hautes, basses, noires, blanches, peintes, sculptées; labyrinthe d'édifices dressés côte à côte, pêle-mêle, palais, hospices, couvents, casernes, tous divers, tous portant leur destination écrite dans leur architecture; marchés pleins de peuple et de bruit; cimetières où les vivants se taisent comme les morts; ici, le théâtre avec ses clinquants, sa fanfare et ses oripeaux; là-bas, le vieux gibet permanent, dont la pierre est vermoulue, dont le fer est rouillé, avec quelque squelette qui craque au vent ; — au centre, la grande cathédrale gothique avec ses hautes flèches tailladées en scies, sa large tour du bourdon, ses cinq portails brodés de bas-reliefs, sa frise à jour comme une collerette, ses solides arcs-boutants, si frêles à l'œil ; et puis ses cavités profondes, sa forêt de piliers à chapiteaux bizarres, ses chapelles ardentes, ses myriades de saints et de châsses, ses colonnettes en gerbes, ses rosaces, ses ogives, ses lancettes qui se touchent à l'abside et en font comme une cage de vitraux, son maître-autel aux mille cierges; merveilleux édifice, imposant par sa masse, curieux par ses détails, beau à deux lieues et beau à deux pas; et enfin, à l'autre bout de la ville, cachée dans les sycomores et les palmiers, la mosquée orientale, aux dômes de cuivre et d'étain, aux portes peintes, aux parois vernissées, avec son jour d'en haut, ses grêles arcades, ses cassolettes qui fument jour et nuit; ses versets du Koran sur chaque porte, ses sanctuaires éblouissants, et la mosaïque de son pavé, et la mosaïque de ses murailles ; épanouie au soleil comme une large fleur pleine de parfums.

Certes, ce n'est pas l'auteur de ce livre qui réalisera jamais un ensemble d'œuvres auquel puisse s'appliquer la comparaison qu'il a cru pouvoir hasarder. Toutefois, sans espérer que l'on trouve dans ce qu'il a déjà bâti même quelque ébauche informe des monuments qu'il vient d'indiquer, soit la cathédrale gothique, soit le théâtre, soit encore le hideux gibet; si on lui demandait ce qu'il a voulu faire ici, il dirait que c'est la mosquée.

Il ne se dissimule pas, pour le dire en passant, que bien des critiques le trouveront hardi et insensé de souhaiter pour la France une littérature qu'on puisse comparer à une ville du moyen âge. C'est là une des imaginations les plus folles où l'on se puisse aventurer. C'est vouloir hautement le désordre, la profusion, la bizarrerie, le mauvais goût. Qu'il vaut bien mieux une belle et correcte nudité, de grandes murailles toutes *simples*, comme on dit, avec quelques ornements sobres et de *bon goût :* des oves et des volutes, un bouquet de bronze pour les corniches, un nuage de marbre avec des têtes d'anges pour les voûtes, une flamme de pierre pour les frises, et puis des oves et des volutes! Le château de Versailles, la place Louis XV, la rue de Rivoli : voilà. Parlez-moi d'une belle littérature tirée au cordeau!

Les autres peuples disent : Homère, Dante, Shakspeare. Nous disons : Boileau.

Mais passons.

En y réfléchissant, si cela pourtant vaut la peine qu'on y réfléchisse, peut-être trouvera-t-on moins étrange la fantaisie qui a produit ces *Orientales*. On s'occupe aujourd'hui, et ce résultat est dû à mille causes qui toutes ont amené un progrès, on s'occupe beaucoup plus de l'Orient qu'on ne l'a jamais fait. Les études orientales n'ont jamais été poussées si avant. Au siècle de Louis XIV on était helléniste, maintenant on est orientaliste. Il y a un pas de fait. Jamais tant d'intelligences n'ont fouillé à la fois ce grand abîme de l'Asie. Nous avons aujourd'hui un savant cantonné dans chacun des idiomes de l'Orient, depuis la Chine jusqu'à l'Égypte.

Il résulte de tout cela que l'Orient, soit comme image, soit comme pensée, est devenu pour les intelligences autant que pour les imaginations une sorte de préoccupation générale à laquelle l'auteur de ce livre a obéi peut-être à son insu. Les couleurs orientales sont venues comme d'elles-mêmes empreindre toutes ses pensées, toutes ses rêveries ; et ses rêveries et ses pensées se sont trouvées tour à tour, et presque sans l'avoir voulu, hébraïques, turques, grecques, persanes, arabes, espagnoles même, car l'Espagne c'est encore l'Orient; l'Espagne est à demi africaine, l'Afrique est à demi asiatique.

Lui s'est laissé faire à cette poésie qui lui venait. Bonne ou mauvaise, il l'a acceptée et en a été heureux. D'ailleurs il avait toujours eu une vive sympathie de poëte, qu'on lui pardonne d'usurper un moment ce titre, pour le monde oriental. Il lui semblait y voir briller de loin une haute poésie. C'est une source à laquelle il désirait depuis longtemps se désaltérer. Là, en effet, tout est grand, riche, fécond, comme dans le moyen âge, cette autre mer de poésie. Et, puisqu'il est amené à le dire ici en passant, pourquoi ne le dirait-il pas? il lui semble que jusqu'ici on a beaucoup trop vu l'époque moderne dans le siècle de Louis XIV et l'antiquité dans Rome et la Grèce : ne verrait-on pas de plus haut et de plus loin en étudiant l'ère moderne dans le moyen âge et l'antiquité dans l'Orient?

Au reste, pour les empires comme pour les littératures, avant peu peut-être l'Orient est appelé à jouer un rôle dans l'Occident. Déjà la mémorable guerre de Grèce avait fait se retourner tous les peuples de ce côté. Voici maintenant que l'équilibre de l'Europe paraît prêt à se rompre; le *statu quo* européen, déjà vermoulu et lézardé, craque du côté de Constantinople. Tout le continent penche à l'Orient.

Nous verrons de grandes choses. La vieille barbarie asiatique n'est peut-être pas aussi dépourvue d'hommes supérieurs que notre civilisation le veut croire. Il faut se rappeler que c'est elle qui a produit le seul colosse que ce siècle puisse mettre en regard de Buonaparte, si toutefois Buonaparte peut avoir un pendant; cet homme de génie, turc et tartare à la vérité, cet Ali-Pacha, qui est à Napoléon ce que le tigre est au lion, le vautour à l'aigle.

Janvier 1829.

— QUATORZIÈME ÉDITION. —

Ce livre a obtenu le seul genre de succès que l'auteur puisse ambitionner en ce moment de crise et de révolution littéraire : vive opposition d'un côté, et peut-être quelque adhésion, quelque sympathie de l'autre.

Sans doute, on pourrait quelquefois se prendre à regretter ces époques plus recueillies ou plus indifférentes, qui ne soulevaient ni combats ni orages autour du paisible travail du poëte, qui l'écoutaient sans l'interrompre et ne mêlaient point de clameurs à son chant. Mais les choses ne vont plus ainsi. Qu'elles soient comme elles sont.

D'ailleurs tous les inconvénients ont leurs avantages. Qui veut la liberté de l'art doit vouloir la liberté de la critique; et les luttes sont toujours bonnes. *Malo periculosam libertatem.*

L'auteur, selon son habitude, s'abstiendra de répondre ici aux critiques dont son livre a été l'objet. Ce n'est pas que plusieurs de ces critiques ne soient dignes d'attention et de réponse; mais c'est qu'il a toujours répugné aux plaidoyers et aux apologies. Et puis, confirmer ou réfuter les critiques, c'est la besogne du temps.

Cependant il regrette que quelques censeurs, de bonne foi d'ailleurs, se soient formé de lui une fausse idée, et se soient mis à le traiter sans plus de façon qu'une hypothèse, le construisant *à priori* comme une abstraction, le refaisant de toutes pièces, de manière que lui, poëte, homme de fantaisie et de caprice, mais aussi de conviction et de probité, est devenu sous leur plume un être de raison, d'étrange sorte, qui a dans une main un système pour faire ses livres, et dans l'autre une tactique pour les défendre. Quelques-uns ont été plus loin encore, et, de ses écrits passant à sa personne, l'ont taxé de présomption, d'outrecuidance, d'orgueil, et, que sais-je? ont fait de lui une espèce de jeune Louis XIV, entrant dans les plus graves questions, botté, éperonné et une cravache à la main.

Il ose affirmer que ceux qui le voient ainsi le voient mal.

Quant à lui, il n'a nulle illusion sur lui-même. Il sait fort bien que le peu de bruit qui se fait autour de ses livres, ce ne sont pas ces livres qui le font, mais simplement les hautes questions de langue et de littérature qu'on juge à propos d'agiter à leur sujet. Ce bruit vient du dehors et non du dedans. Ils en sont l'occasion et non la cause. Les personnes que préoccupent ces graves questions d'art et de poésie ont semblé choisir un moment ses ouvrages comme une arène, pour y lutter. Mais il n'y a rien là qu'ils doivent à leur mérite propre. Cela ne peut leur donner tout au plus qu'une importance passagère, et encore est-ce beaucoup dire. Le terrain le plus vulgaire gagne un certain lustre à devenir champ de bataille. Austerlitz et Marengo sont de grands noms et de petits villages.

Février 1829.

LES ORIENTALES

I

LE FEU DU CIEL

24. Alors le Seigneur fit descendre du ciel sur Sodome et sur Gomorrhe une pluie de soufre et de feu,
25. Et il perdit ces villes avec tous leurs habitants, tout le pays à l'entour avec ceux qui l'habitaient, et tout ce qui avait quelque verdeur sur la terre.

Genèse.

I

La voyez-vous passer, la nuée au flanc noir ?
Tantôt pâle, tantôt rouge et splendide à voir,
  Morne comme un été stérile ?
On croit voir à la fois, sur le vent de la nuit,
Fuir toute la fumée ardente et tout le bruit
  De l'embrasement d'une ville.

D'où vient-elle ? des cieux, de la mer ou des monts ?
Est-ce le char de feu qui porte des démons
  A quelque planète prochaine ?
O terreur ! de son sein, chaos mystérieux,
D'où vient que par moments un éclair furieux
  Comme un long serpent se déchaîne ?

II

La mer ! partout la mer ! des flots, des flots encor,
L'oiseau fatigue en vain son inégal essor.
  Ici les flots, là-bas les ondes ;
Toujours des flots sans fin par des flots repoussés
L'œil ne voit que des flots dans l'abîme entassés
  Rouler sous les vagues profondes.

Parfois de grands poissons, à fleur d'eau voyageant,
Font reluire au soleil leurs nageoires d'argent,
  Ou l'azur de leurs larges queues.
La mer semble un troupeau secouant sa toison ;
Mais un cercle d'airain ferme au loin l'horizon ;
  Le ciel bleu se mêle aux eaux bleues.

— Faut-il sécher ces mers ? dit le nuage en feu.
— Non ! — Il reprit son vol sous le souffle de Dieu.

III

Un golfe aux vertes collines
Se mirant dans le flot clair ! —
Des buffles, des javelines,
Et des chants joyeux dans l'air ! —
C'était la tente et la crèche,
La tribu qui chasse et pêche,
Qui vit libre, et dont la flèche
Jouterait avec l'éclair.

Pour ces errantes familles
Jamais l'air ne se corrompt.
Les enfants, les jeunes filles,
Les guerriers dansaient en rond,
Autour d'un feu sur la grève,
Que le vent courbe et relève,
Pareils aux esprits qu'en rêve
On voit tourner sur son front.

Les vierges au sein d'ébène,
Belles comme les beaux soirs,
Riaient de se voir à peine
Dans le cuivre des miroirs ;
D'autres, joyeuses comme elles,
Faisaient jaillir des mamelles
De leurs dociles chamelles
Un lait blanc sous leurs doigts noirs.

Les hommes, les femmes nues
Se baignaient au gouffre amer. —
Ces peuplades inconnues,
Où passaient-elles hier ?
La voix grêle des cymbales,
Qui fait hennir les cavales,
Se mêlait par intervalles
Aux bruits de la grande mer

La nuée hésita un moment dans l'espace.
— Est-ce là ? — Nul ne sait qui lui répondit : — Passe !

IV

L'Egypte ! — Elle étalait, toute blonde d'épis,
Ses champs bariolés comme un riche tapis,
  Plaines que des plaines prolongent ;
L'eau vaste et froide au nord, au sud le sable ardent
Se disputent l'Egypte : elle rit cependant
  Entre ces deux mers qui la rongent.

Trois monts bâtis par l'homme au loin perçaient les cieux
D'un triple angle de marbre, et dérobaient aux yeux
  Leurs bases de cendre inondées,

Et de leur faîte aigu jusqu'aux sables dorés,
Allaient s'élargissant leurs monstrueux degrés,
    Faits pour des pas de six coudées.

Un sphinx de granit rose, un dieu de marbre vert,
Les gardaient, sans qu'il fût vent de flamme au désert
    Qui leur fît baisser la paupière.
Des vaisseaux au flanc large entraient dans un grand port.
Une ville géante, assise sur le bord,
    Baignait dans l'eau ses pieds de pierre.

On entendait mugir le semoun meurtrier,
Et sous les cailloux blancs les écailles crier
    Sous le ventre des crocodiles.
Les obélisques gris s'élançaient d'un seul jet.
Comme une peau de tigre, au couchant s'allongeait
    Le Nil jaune, tacheté d'îles.

L'astre-roi se couchait. Calme, à l'abri du vent,
La mer réfléchissait ce globe d'or vivant,
    Ce monde, âme et flambeau du nôtre;
Et dans le ciel rougeâtre et dans les flots vermeils,
Comme deux rois amis, on voyait deux soleils
    Venir au-devant l'un de l'autre.

— Où faut-il s'arrêter? dit la nuée encor.
— Cherche! dit une voix dont trembla le Thabor.

V

    Du sable, puis du sable!
    Le désert! noir chaos
    Toujours inépuisable
    En monstres, en fléaux,
    Ici rien ne s'arrête.
    Ces monts à jaune crête,
    Quand souffle la tempête,
    Roulent comme des flots!

    Parfois, de bruits profanes
    Troublant ce lieu sacré,
    Passent les caravanes
    D'Ophyr ou de Membré.
    L'œil de loin suit leur foule,
    Qui, sur l'ardente houle,
    Ondule et se déroule
    Comme un serpent marbré.

    Ces solitudes mornes,
    Ces déserts sont à Dieu :
    Lui seul en sait les bornes,
    En marque le milieu.
    Toujours plane une brume
    Sur cette mer qui fume
    Et jette pour écume
    Une cendre de feu.

— Faut-il changer en lac ce désert? dit la nue.
— Plus loin! dit l'autre voix du fond des cieux venue.

VI

Comme un énorme écueil sur les vagues dressé,
Comme un amas de tours, vaste et bouleversé,
    Voici Babel, déserte et sombre.

Du néant des mortels prodigieux témoin,
Aux rayons de la lune, elle couvrait au loin
    Quatre montagnes de son ombre.

L'édifice écroulé plongeait aux lieux profonds.
Les ouragans captifs sous ses larges plafonds
    Jetaient une étrange harmonie.
Le genre humain jadis bourdonnait à l'entour,
Et sur le globe entier Babel devait un jour
    Asseoir sa spirale infinie.

Ses escaliers devaient monter jusqu'au zénith.
Chacun des plus grands monts à ses flancs de granit
    N'avait pu fournir qu'une dalle.
Et des sommets nouveaux d'autres sommets chargés
Sans cesse surgissaient aux yeux découragés
    Sur sa tête pyramidale.

Les boas monstrueux, les crocodiles verts,
Moindres que des lézards sur ses murs entr'ouverts,
    Glissaient parmi les blocs superbes;
Et, colosses perdus dans ses larges contours,
Les palmiers chevelus, pendant aux fronts des tours,
    Semblaient d'en bas des touffes d'herbes.

Des éléphants passaient aux fentes de ses murs;
Une forêt croissait sous ses piliers obscurs
    Multipliés par la démence;
Des essaims d'aigles roux et de vautours géants
Jour et nuit tournoyaient à ses porches béants,
    Comme autour d'une ruche immense.

— Faut-il l'achever? dit la nuée en courroux. —
Marche! — Seigneur, dit-elle, où donc m'emportez-vous?

VII

Voilà que deux cités, étranges, inconnues,
Et d'étage en étage escaladant les nues,
Apparaissaient, dormant dans la brume des nuits,
Avec leurs dieux, leur peuple, et leurs chars, et leurs bruits.
Dans le même vallon c'étaient deux sœurs couchées.
L'ombre baignait leurs tours par la lune ébauchées;
Puis l'œil entrevoyait, dans le chaos confus,
Aqueducs, escaliers, piliers aux larges fûts,
Chapiteaux évasés; puis un groupe difforme
D'éléphants de granit portant un dôme énorme;
Des colosses debout, regardant autour d'eux
Ramper des monstres nés d'accouplements hideux :
Des jardins suspendus, pleins de fleurs et d'arcades
Et d'arbres noirs penchés sur de vagues cascades;
Des temples, où siégeaient sur de riches carreaux
Cent idoles de jaspe, à tête de taureaux;
Des plafonds d'un seul bloc couvrant de vastes salles,
Où, sans jamais lever leurs têtes colossales,
Veillaient, assis en cercle, et se regardant tous,
Des dieux d'airain, posant leurs mains sur leurs genoux.
Ces rampes, ces palais, ces mornes avenues,
Où partout surgissaient des formes inconnues;
Ces ponts, ces aqueducs, ces arcs, ces rondes tours,
Effrayaient l'œil perdu dans leurs profonds détours;
On voyait dans les cieux, avec leurs larges ombres,
Monter comme des caps ces édifices sombres,
Immense entassement de ténèbres voilé!
Le ciel à l'horizon scintillait étoilé,
Et, sous les mille arceaux du vaste promontoire,
Brillait comme à travers une dentelle noire.

Ah! villes de l'enfer, folles dans leurs désirs!
Là, chaque heure inventait de monstrueux plaisirs,

Chaque toit recélait quelque mystère immonde,
Et, comme un double ulcère, elles souillaient le monde.

Tout dormait cependant : au front des deux cités,
A peine encor glissaient quelques pâles clartés,
Lampes de la débauche, en naissant disparues,
Derniers feux des festins oubliés dans les rues.
De grands angles de murs, par la lune blanchis,
Coupaient l'ombre, ou tremblaient dans une eau réfléchis.
Peut-être on entendait vaguement dans les plaines
S'étouffer des baisers, se mêler des haleines,
Et les deux villes sœurs, lasses des feux du jour,
Murmurer mollement d'une étreinte d'amour !
Et le vent, soupirant sous le frais sycomore,
Allait tout parfumé de Sodome à Gomorrhe !

C'est alors que passa le nuage noirci,
Et que la voix d'en haut lui cria : — C'est ici !

VIII

La nuée éclate !
La flamme écarlate
Déchire ses flancs,
L'ouvre comme un gouffre,
Tombe en flots de soufre
Aux palais croulants,
Et jette, tremblante,
Sa lueur sanglante
Sur leurs frontons blancs !

Gomorrhe ! Sodome !
De quel brûlant dôme
Vos murs sont couverts !
L'ardente nuée
Sur vous s'est ruée,
O peuples pervers !
Et ses larges gueules
Sur vos têtes seules
Soufflent leurs éclairs !

Ce peuple s'éveille,
Qui dormait la veille
Sans penser à Dieu.
Les grands palais croulent ;
Mille chars qui roulent
Heurtent leur essieu ;
Et la foule accrue
Trouve en chaque rue
Un fleuve de feu.

Sur ces tours altières,
Colosses de pierres,
Trop mal affermis,
Abondent dans l'ombre
Des mourants sans nombre
Encore endormis.
Sur des murs qui pendent
Ainsi se répandent
De noires fourmis.

Se peut-il qu'on fuie
Sous l'horrible pluie ?
Tout périt, hélas !
Le feu qui foudroie
Bat les ponts qu'il broie,
Crève les toits plats,
Roule, tombe, et brise
Sur la dalle grise
Ses rouges éclats !

Sous chaque étincelle
Grossit et ruisselle
Le feu souverain.
Vermeil et limpide,
Il court plus rapide
Qu'un cheval sans frein ;
Et l'idole infâme,
Croulant dans la flamme,
Tord ses bras d'airain !

Il gronde, il ondule,
Du peuple incrédule
Bat les tours d'argent ;
Son flot vert et rose,
Que le soufre arrose,
Fait, en les rongeant,
Luire les murailles
Comme les écailles
D'un lézard changeant.

Il fond comme cire
Agate, porphyre,
Pierres du tombeau ;
Ploie, ainsi qu'un arbre,
Le géant de marbre
Qu'ils nommaient Nabo,
Et chaque colonne
Brûle et tourbillonne
Comme un grand flambeau !

En vain quelques mages
Portent les images
Des dieux du haut lieu ;
En vain leur roi penche
Sa tunique blanche
Sur le soufre bleu ;
Le flot qu'il contemple
Emporte leur temple
Dans ses plis de feu !

Plus loin il charrie
Un palais où crie
Un peuple à l'étroit,
L'onde incendiaire
Mord l'îlot de pierre
Qui fume et décroît,
Flotte à sa surface,
Puis fond et s'efface
Comme un glaçon froid !

Le grand prêtre arrive
Sur l'ardente rive
D'où le reste a fui.
Soudain sa tiare
Prend feu comme un phare,
Et, pâle, ébloui,
Sa main qui l'arrache
A son front s'attache,
Et brûle avec lui.

Le peuple, hommes, femmes,
Court... Partout les flammes
Aveuglent ses yeux ;
Des deux villes mortes
Assiégeant les portes
A flots furieux,
La foule maudite
Croit voir, interdite,
L'enfer dans les cieux !

IX

On dit qu'alors, ainsi que pour voir un supplice
Un vieux captif se dresse aux murs de sa prison,
On vit de loin Babel, leur fatale complice,
Regarder par-dessus les monts de l'horizon.
On entendit, durant cet étrange mystère,
Un grand bruit qui remplit le monde épouvanté,
Si profond qu'il troubla dans leur morne cité,
Jusqu'à ces peuples sourds qui vivent sous la terre.

X

Le feu fut sans pitié! Pas un des condamnés
Ne put fuir de ces murs brûlants et calcinés.
 Pourtant ils levaient leurs mains viles,
Et ceux qui s'embrassaient dans un dernier adieu,
Terrassés, éblouis, se demandaient quel dieu
 Versait un volcan sur leurs villes.

Contre le feu vivant, contre le feu divin,
De larges toits de marbre ils s'abritaient en vain.
Dieu sait atteindre qui le brave.
Ils invoquaient leurs dieux; mais le feu qui punit
Frappait ces dieux muets dont les yeux de granit
 Soudain fondaient en pleurs de lave!

Ainsi tout disparut sous le noir tourbillon,
L'homme avec la cité, l'herbe avec le sillon!
 Dieu brûla ces mornes campagnes;
Rien ne resta debout de ce peuple détruit,
Et le vent inconnu qui souffla cette nuit
 Changea la forme des montagnes.

XI

Aujourd'hui le palmier qui croit sur le rocher
Sent sa feuille jaunir et sa tige sécher,
 A cet air qui brûle et qui pèse.
Ces villes ne sont plus; et, miroir du passé,
Sur leurs débris éteints s'étend un lac glacé,
 Qui fume comme une fournaise!

  Octobre 1828.

II

CANARIS

Faire sans dire.
Vieille devise.

Lorsqu'un vaisseau vaincu dérive en pleine mer,
 Que ses voiles carrées
Pendent le long des mâts, par les boulets de fer
 Largement déchirées;

Qu'on n'y voit que des morts, tombés de toutes parts,
 Ancres, agrès, voilures,

Grands mâts rompus, traînant leurs cordages épars
 Comme des chevelures;

Que le vaisseau, couvert de fumée et de bruit,
 Tourne ainsi qu'une roue;
Qu'un flux et qu'un reflux d'hommes roule et s'enfuit
 De la poupe à la proue;

Lorsqu'à la voix des chefs nul soldat ne répond;
 Que la mer monte et gronde;
Que les canons éteints nagent dans l'entre-pont,
 S'entrechoquant dans l'onde;

Qu'on voit le lourd colosse ouvrir au flot marin
 Sa blessure béante;
Et saigner, à travers son armure d'airain,
 La galère géante;

Qu'elle vogue au hasard, comme un corps palpitant,
 La carène entr'ouverte,
Comme un grand poisson mort, dont le ventre flottant
 Argente l'onde verte;

Alors gloire au vainqueur! Son ancre noir s'abat
 Sur la nef qu'il foudroie;
Tel un aigle puissant pose, après le combat,
 Son ongle sur sa proie!

Puis il pend au grand mât, comme au front d'une tour,
 Son drapeau que l'air ronge,
Et dont le reflet d'or dans l'onde, tour à tour,
 S'élargit et s'allonge.

Et c'est alors qu'on voit les peuples étaler
 Les couleurs les plus fières,
Et la pourpre, et l'argent, et l'azur onduler
 Aux plis de leurs bannières.

Dans ce riche appareil leur orgueil insensé
 Se flatte et se repose,
Comme si le flot noir, par le flot effacé,
 En gardait quelque chose!

Malte arborait sa croix; Venise, peuple-roi,
 Sur ses poupes mouvantes,
L'héraldique lion qui fait rugir d'effroi
 Les lionnes vivantes.

Le pavillon de Naple est éclatant dans l'air,
 Et, quand il se déploie,
On croit voir ondoyer de la poupe à la mer
 Un flot d'or et de soie.

Espagne peint aux plis des drapeaux voltigeant
 Sur ses flottes avares
Léon aux lions d'or, Castille aux tours d'argent,
 Les chaînes des Navarres.

Rome a les clefs, Milan, l'enfant qui hurle encor
 Dans les dents de la guivre;
Et les vaisseaux de France ont des fleurs de lis d'or
 Sur leurs robes de cuivre.

Stamboul la Turque autour du croissant abhorré
 Suspend trois blanches queues;
L'Amérique, enfin libre, étale un ciel doré
 Semé d'étoiles bleues.

Mais le bon Canaris dont un ardent sillon
Suit la barque hardie.

L'Autriche a l'aigle étrange, aux ailerons dressés,
    Qui, brillant sur la moire,
Vers les deux bouts du monde à la fois menacés
    Tourne une tête noire.

L'autre aigle au double front, qui des czars suit les lois,
    Son antique adversaire,
Comme elle regardant deux mondes à la fois,
    En tient un dans sa serre.

L'Angleterre en triomphe impose aux flots amers
    Sa splendide oriflamme,
Si riche qu'on prendrait son reflet dans les mers
    Pour l'ombre d'une flamme.

C'est ainsi que les rois font aux mâts des vaisseaux
    Flotter leurs armoiries,
Et condamnent les nefs conquises sur les eaux
    A changer de patries.

Ils traînent dans leurs rangs ces voiles dont le sort
    Trompa les destinées,
Tout fiers de voir rentrer plus nombreuses au port
    Leurs flottes blasonnées.

Aux navires captifs toujours ils appendront
    Leurs drapeaux de victoire,
Afin que le vaincu porte écrite à son front
    Sa honte avec leur gloire !

Mais le bon Canaris, dont un ardent sillon
    Suit la barque hardie,
Sur les vaisseaux qu'il prend, comme son pavillon,
    Arbore l'incendie !

    Novembre 1828.

LES ORIENTALES.

Dominant le sérail, de la porte fatale
Trois d'entre elles marquaient l'ogive orientale.
(Page 10.)

III

LES TÊTES DU SÉRAIL*

O horrible! ô horrible! mort horrible!
SHAKSPEARE. *Hamlet.*

I

Le dôme obscur des nuits, semé d'astres sans nombre,
Se mirait dans la mer resplendissante et sombre;

* On a cru devoir réimprimer cette ode telle qu'elle a été composée et publiée en juin 1826, à l'époque du désastre de Missolonghi. Il est important de se rappeler, en la lisant, que tous les journaux d'Europe annoncèrent alors la mort de Canaris, tué dans son brûlot par une bombe turque, devant la ville qu'il venait secourir. Depuis, cette nouvelle fatale a été heureusement démentie.

La riante Stamboul, le front d'ombres voilé,
Semblait, couchée au bord du golfe qui l'inonde
Entre les feux du ciel et les reflets de l'onde,
    Dormir dans un globe étoilé.

On eût dit la cité dont les esprits nocturnes
Bâtissent dans les airs les palais taciturnes,
A voir ses grands harems, séjour des longs ennuis,
Ses dômes bleus, pareils au ciel qui les colore,
Et leurs mille croissants, que semblaient faire éclore
    Les rayons du croissant des nuits.

L'œil distinguait les tours par leurs angles marquées,
Les maisons aux toits plats, les flèches des mosquées,
Les moresques balcons en trèfles découpés,
Les vitraux, se cachant sous des grilles discrètes,
Et les palais dorés, et comme des aigrettes
    Les palmiers sur leur front groupés.

Là, de blancs minarets dont l'aiguille s'élance,
Tels que des mâts d'ivoire armés d'un fer de lance;

Là, des kiosques peints; là, des fanaux changeants;
Et sur le vieux sérail, que ses hauts murs décèlent,
Cent coupoles d'étain, qui dans l'ombre étincellent
    Comme des casques de géants!

II

Le sérail!... Cette nuit il tressaillait de joie.
Au son des gais tambours, sur des tapis de soie,
Les sultanes dansaient sous son lambris sacré;
Et, tel qu'un roi couvert de ses joyaux de fête,
Superbe, il se montrait aux enfants du prophète,
    De six mille têtes paré!

Livides, l'œil éteint, de noirs cheveux chargées,
Ces têtes couronnaient, sur les créneaux rangées,
Les terrasses de rose et de jasmin en fleur!
Triste comme un ami, comme lui consolante,
La lune, astre des morts, sur leur pâleur sanglante
    Répandait sa douce pâleur.

Dominant le sérail, de la porte fatale
Trois d'entre elles marquaient l'ogive orientale,
Ces têtes, que battait l'aile du noir corbeau,
Semblaient avoir reçu l'atteinte meurtrière,
L'une dans les combats, l'autre dans la prière,
    La dernière dans le tombeau.

On dit qu'alors, tandis qu'immobiles comme elles
Veillaient stupidement les mornes sentinelles,
Les trois têtes soudain parlèrent, et leurs voix
Ressemblaient à ces chants qu'on entend dans les rêves,
Aux bruits confus du flot qui s'endort sur les grèves,
    Du vent qui s'endort dans les bois¹

III

LA PREMIÈRE VOIX.

« Où suis-je?... mon brûlot! à la voile! à la rame!
« Frères, Missolonghi fumante nous réclame,
« Les Turcs ont investi ses remparts généreux.
« Renvoyons leurs vaisseaux à leurs villes lointaines
    « Et que ma torche, ô capitaines!
« Soit un phare pour vous, soit un foudre pour eux!

« Partons! Adieu Corinthe et son haut promontoire,
« Mers dont chaque rocher porte un nom de victoire,
« Ecueils de l'Archipel sur tous les flots semés,
« Belles îles, des cieux et du printemps chéries,
« Qui le jour paraissez des corbeilles fleuries,
    « La nuit, des vases parfumés!

« Adieu, fière patrie, Hydra, Sparte nouvelle!
« Ta jeune liberté par des chants se révèle;
« Des mâts voilent tes murs, ville de matelots!
« Adieu! j'aime ton île où notre espoir se fonde,
    « Tes gazons caressés par l'onde,
« Tes rocs battus d'éclairs et rongés par les flots!

« Frères, si je reviens, Missolonghi sauvée,
« Qu'une église nouvelle au Christ soit élevée.
« Si je meurs, si je tombe en la nuit sans réveil,
« Si je verse le sang qui me reste à répandre,
« Dans une terre libre allez porter ma cendre,
    « Et creusez ma tombe au soleil!

« Missolonghi! — Les Turcs! — chassons, ô camarades,
« Leurs canons de ses forts, leurs flottes de ses rades.
« Brûlons le capitan sous son triple canon.
« Allons! que des brûlots l'ongle ardent se prépare.
    « Sur sa nef, si je m'en empare,
« C'est en lettres de feu que j'écrirai mon nom.

« Victoire! amis!... — O ciel! de mon esquif agile
« Une bombe en tombant brise le pont fragile...
« Il éclate, il tournoie, il s'ouvre aux flots amers!
« Ma bouche crie en vain, par les vagues couverte!
« Adieu! je vais trouver mon linceul d'algue verte,
    « Mon lit de sable au fond des mers.

« Mais non! Je me réveille enfin!... Mais quel mystère!
« Quel rêve affreux... mon bras manque à mon cimeterre.
« Quel est donc près de moi ce sombre épouvantail?
« Qu'entends-je au loin?... des chœurs... sont-ce des voix de
    « Des chants murmurés par des âmes?   [femmes?
« Ces concerts!... suis-je au ciel?—Du sang... c'est le sérail! »

IV

LA DEUXIÈME VOIX.

« Oui, Canaris, tu vois le sérail et ma tête
« Arrachée au cercueil pour orner cette fête.
« Les Turcs m'ont poursuivi sous mon tombeau glacé.
« Vois! ces os desséchés sont leur dépouille opime :
« Voilà de Botzaris ce qu'au sultan sublime
    « Le ver du sépulcre a laissé!

« Ecoute : Je dormais dans le fond de ma tombe,
« Quand un cri m'éveilla : *Missolonghi succombe!*
« Je me lève à demi dans la nuit du trépas;
« J'entends des canons sourds les tonnantes volées,
    « Les clameurs aux clameurs mêlées,
« Les chocs fréquents du fer, le bruit pressé des pas.

« J'entends, dans le combat qui remplissait la ville,
« Des voix crier : « Défends d'une horde servile,
« Ombre de Botzaris, tes Grecs infortunés! »
« Et moi, pour m'échapper, luttant dans les ténèbres,
« J'achevais de briser sur les marbres funèbres
    « Tous mes ossements décharnés.

« Soudain, comme un volcan, le sol s'embrase et gronde...—
« Tout se tait; — et mon œil ouvert pour l'autre monde
« Voit ce que nul vivant n'eût pu voir de ses yeux.
« De la terre, des flots, du sein profond des flammes,
    « S'échappaient des tourbillons d'âmes
« Qui tombaient dans l'abîme ou s'envolaient aux cieux!

« Les Musulmans vainqueurs dans ma tombe fouillèrent
« Ils mêlèrent ma tête aux vôtres qu'ils souillèrent.
« Dans le sac du Tartare on les jeta sans choix.
« Mon corps décapité tressaillit d'allégresse;
« Il me semblait, ami, pour la Croix et la Grèce
    « Mourir une seconde fois.

« Sur la terre aujourd'hui notre destin s'achève.
« Stamboul, pour contempler cette moisson du glaive,

« Vile esclave, s'émeut du Fanar aux Sept-Tours,
« Et nos têtes qu'on livre aux publiques risées,
   « Sur l'impur sérail exposées,
« Repaissent le sultan, convive des vautours!

« Voilà tous nos héros! Costas le palicare,
« Christo, du mont Olympe; Hellas, des mers d'Icare,
« Kitzos, qu'aimait Byron, le poëte immortel;
« Et cet enfant des monts, notre ami, notre émule,
« Mayer, qui rapportait aux fils de Thrasybule
   « La flèche de Guillaume Tell!

« Mais ces morts inconnus, qui dans nos rangs stoïques
« Confondent leurs fronts vils à des fronts héroïques,
« Ce sont des fils maudits d'Eblis et de Satan,
« Des Turcs, obscur troupeau, foule au sabre asservie,
   « Esclaves dont on prend la vie,
« Quand il manque une tête au compte du sultan!

« Semblable au Minotaure inventé par nos pères,
« Un homme est seul vivant dans ces hideux repaires,
« Qui montrent nos lambeaux aux peuples à genoux;
« Car les autres témoins de ces fêtes fétides,
« Ses eunuques impurs, ses muets homicides,
   « Ami, sont aussi morts que nous

« Quels sont ces cris?...—C'est l'heure où ses plaisirs infâmes
« Ont réclamé nos sœurs, nos filles et nos femmes.
« Ces fleurs vont se flétrir à son souffle inhumain
« Le tigre impérial, rugissant dans sa joie,
   « Tour à tour compte chaque proie,
« Nos vierges cette nuit, et nos têtes demain! »

       V

   LA TROISIÈME VOIX.

« O mes frères! Joseph, évêque, vous salue.
« Missolonghi n'est plus! A sa mort résolue,
« Elle a fui la famine et son venin rongeur.
« Enveloppant les Turcs dans son malheur suprême,
« Formidable victime, elle a mis elle-même
   « La flamme à son bûcher vengeur.

« Voyant depuis vingt jours notre ville affamée,
« J'ai crié : « Venez tous; il est temps, peuple, armée!
« Dans le saint sacrifice il faut nous dire adieu.
« Recevez de mes mains, à la table céleste,
   « Le seul aliment qui nous reste,
« Le pain qui nourrit l'âme et la transforme en dieu! »

« Quelle communion! Des mourants immobiles,
« Cherchant l'hostie offerte à leurs lèvres débiles,
« Des soldats défaillants, mais encor redoutés,
« Des femmes, des vieillards, des vierges désolées,
« Et sur le sein flétri des mères mutilées
   « Des enfants de sang allaités!

« La nuit vint, on partit; mais les Turcs dans les ombres
« Assiégèrent bientôt nos morts et nos décombres.
« Mon église s'ouvrit à leurs pas inquiets.
« Sur un débris d'autel, leur dernière conquête,
   « Un sabre fit rouler ma tête...
« J'ignore quelle main me frappa : je priais.

« Frères, plaignez Mahmoud! Né dans sa loi barbare,
« Des hommes et de Dieu son pouvoir le sépare.

« Son aveugle regard ne s'ouvre pas au ciel.
« Sa couronne fatale, et toujours chancelante,
« Porte à chaque fleuron une tête sanglante;
   « Et peut-être il n'est pas cruel!

« Le malheureux, en proie aux terreurs implacables,
« Perd pour l'éternité ses jours irrévocables.
« Rien ne marque pour lui les matins et les soirs.
« Toujours l'ennui! Semblable aux idoles qu'ils dorent,
   « Ses esclaves de loin l'adorent,
« Et le fouet d'un spahi règle leurs encensoirs.

« Mais pour vous tout est joie, honneur, fête, victoire.
« Sur la terre vaincus, vous vaincrez dans l'histoire.
« Frères, Dieu vous bénit sur le sérail fumant.
« Vos gloires par la mort ne sont pas étouffées :
« Vos têtes sans tombeaux deviennent vos trophées;
   « Vos débris sont un monument!

« Que l'apostat surtout nous envie! Anathème
« Au chrétien qui souilla l'eau sainte du baptême!
« Sur le livre de vie en vain il fut compté :
« Nul ange ne l'attend dans les cieux où nous sommes!
   « Et son nom, exécré des hommes,
« Sera, comme un poison, des bouches rejeté!

« Et toi, chrétienne Europe, entends nos voix plaintives.
« Jadis, pour nous sauver, saint Louis vers nos rives
« Eût de ses chevaliers guidé l'arrière-ban.
« Choisis enfin, avant que ton Dieu ne se lève,
« De Jésus et d'Omar, de la croix et du glaive,
   « De l'auréole et du turban. »

       VI

Oui, Botzaris, Joseph, Canaris, ombres saintes,
Elle entendra vos voix, par le trépas éteintes;
Elle verra le signe empreint sur votre front;
Et, soupirant ensemble un chant expiatoire,
A vos débris sanglants portant leur double gloire,
Sur la harpe et le luth les deux Grèces diront :

« Hélas! vous êtes saints et vous êtes sublimes,
« Confesseurs, demi-dieux, fraternelles victimes!
« Votre bras aux combats s'est longtemps signalé;
« Morts, vous êtes tous trois souillés par des mains viles.
« Voici votre Calvaire après vos Thermopyles;
« Pour tous les dévouements votre sang a coulé!

« Ah! si l'Europe en deuil, qu'un sang si pur menace,
« Ne suit jusqu'au sérail le chemin qu'il lui trace,
« Le Seigneur là réserve à d'amers repentirs.
« Marin, prêtre, soldat, nos autels vous demandent;
« Car l'Olympe et le Ciel à la fois vous attendent,
« Pléiade de héros! Trinité de martyrs! »

       Juin 1826.

IV

ENTHOUSIASME

> Allons, jeune homme! allons, marche!..
> ANDRÉ CHÉNIER.

En Grèce! en Grèce! adieu, vous tous! il faut partir!
Qu'enfin, après le sang de ce peuple martyr,
  Le sang vil des bourreaux ruisselle!
En Grèce, ô mes amis! vengeance! liberté!
Ce turban sur mon front! ce sabre à mon côté!
  Allons! ce cheval, qu'on le selle!

Quand partons-nous? ce soir! demain serait trop long.
Des armes! des chevaux, un navire à Toulon!
  Un navire, ou plutôt des ailes!
Menons quelques débris de nos vieux régiments,
Et nous verrons soudain ces tigres ottomans
  Fuir avec des pieds de gazelles!

Commande-nous, Fabvier, comme un prince invoqué!
Toi qui seul fus au poste où les rois ont manqué,
  Chef des hordes disciplinées;
Parmi les Grecs nouveaux ombre d'un vieux Romain,
Simple et brave soldat, qui dans ta rude main
  D'un peuple as pris les destinées!

De votre long sommeil éveillez-vous là-bas,
Fusils français! et vous, musique des combats,
  Bombes, canons, grêles cymbales!
Eveillez-vous; chevaux au pied retentissant,
Sabres, auxquels il manque une trempe de sang,
  Longs pistolets gorgés de balles!

Je veux voir des combats, toujours au premier rang,
Voir comment les spahis s'épanchent en torrent
  Sur l'infanterie inquiète;
Voir comment leur damas, qu'emporte leur coursier,
Coupe une tête au fil de son croissant d'acier!
  Allons!... — mais quoi! pauvre poëte,

Où m'emporte moi-même un accès belliqueux!
Les vieillards, les enfants m'admettent avec eux!
  Que suis-je?— Esprit qu'un souffle enlève.
Comme une feuille morte échappée aux bouleaux,
Qui sur une onde en pente erre de flots en flots,
  Mes jours s'en vont de rêve en rêve.

Tout me fait songer! l'air, les prés, les monts, les bois;
J'en ai pour tout un jour des soupirs d'un hautbois,
  D'un bruit de feuilles remuées;
Quand vient le crépuscule, au fond d'un vallon noir,
J'aime un grand lac d'argent, profond et clair miroir
  Où se regardent les nuées.

J'aime une lune ardente et rouge comme l'or,
Se levant dans la brume épaisse, ou bien encor
  Blanche au bord d'un nuage sombre;
J'aime ces chariots lourds et noirs, qui la nuit,
Passant devant le seuil des fermes avec bruit,
  Font aboyer les chiens dans l'ombre.

  1827.

V

NAVARIN

> Ἇ ἤ ἤ ἤ ἤ τρισκαλμοισοι
> Ἇ ἤ ἤ ἤ ἤ βαρισιν ολομενοι
> ESCHYLE. *Les Perses.*
>
> Hélas! hélas! nos vaisseaux,
> Hélas! hélas! sont détruits.

I

Canaris! Canaris! pleure! cent vingt vaisseaux!
Pleure! une flotte entière!— Où donc, démon des eaux,
  Où donc était ta main hardie?
Se peut-il que sans toi l'Ottoman succombât?
Pleure comme Crillon exilé d'un combat :
  Tu manquais à cet incendie!

Jusqu'ici, quand parfois la vague de tes mers
Soudain s'ensanglantait, comme un lac des enfers,
  D'une lueur large et profonde,
Si quelque lourd navire éclatait à nos yeux,
Couronné tout à coup d'une aigrette de feux,
  Comme un volcan s'ouvrant dans l'onde;

Si la lame roulait turbans, sabres courbés,
Voiles, tentes, croissants des mâts rompus tombés,
  Vestiges de flotte et d'armée,
Pelisses de vizirs, sayons de matelots,
Rebuts stigmatisés de la flamme et des flots,
  Blancs d'écume et noirs de fumée;

Si partait de ces mers d'Egine ou d'Iolchos
Un bruit d'explosion, tonnant dans mille échos
  Et roulant au loin dans l'espace,
L'Europe se tournait vers le rouge Orient;
Et, sur la poupe assis, le nocher souriant
  Disait : — C'est Canaris qui passe!

Jusqu'ici, quand brûlaient au sein des flots fumants
Les capitans-pachas avec leurs armements,
  Leur flotte dans l'ombre engourdie,
On te reconnaissait à ce terrible jeu;
Ton brûlot expliquait tous ces vaisseaux en feu,
  Ta torche éclairait l'incendie!

Mais pleure aujourd'hui, pleure, on s'est battu sans toi!
Pourquoi, sans Canaris, sur ces flottes pourquoi
  Porter la guerre et ses tempêtes?
Du Dieu qui garde Hellé n'est-il plus le bras droit?
On aurait dû l'attendre! Et n'est-il pas de droit
  Convive de toutes ces fêtes?

II

Console-toi : la Grèce est libre.
Entre les bourreaux, les mourants,
L'Europe a remis l'équilibre;
Console-toi : plus de tyrans!
La France combat : le sort change.
Souffre que sa main qui vous venge

Du moins te dérobe en échange
Une feuille de ton laurier.
Grèce de Byron et d'Homère,
Toi, notre sœur, toi, notre mère,
Chantez! si votre voix amère
Ne s'est pas éteinte à crier.

Pauvre Grèce, qu'elle était belle
Pour être couchée au tombeau !
Chaque vizir de la rebelle
S'arrachait un sacré lambeau.
Où la fable mit ses Ménades,
Où l'Amour eut ses sérénades,
Grondaient les sombres canonnades
Sapant les temples du vrai Dieu ;
Le ciel de cette terre aimée
N'avait, sous sa voûte embaumée,
De nuages que la fumée
De toutes ses villes en feu.

Voilà six ans qu'ils l'ont choisie !
Six ans qu'on voyait accourir
L'Afrique au secours de l'Asie
Contre un peuple instruit à mourir !
Ibrahim, que rien ne modère,
Vole de l'Isthme au Belvédère,
Comme un faucon qui n'a plus d'aire,
Comme un loup qui règne au bercail ;
Il court où le butin le tente,
Et, lorsqu'il retourne à sa tente,
Chaque fois sa main dégouttante
Jette des têtes au sérail !

III

Enfin ! — C'est Navarin, la ville aux maisons peintes,
La ville aux dômes d'or, la blanche Navarin,
Sur la colline assise entre les térébinthes,
Qui prête son beau golfe aux ardentes étreintes
De deux flottes heurtant leurs carènes d'airain.

Les voilà toutes deux : — la mer en est chargée,
Prête à noyer leurs feux, prête à boire leur sang.
Chacune par son dieu semble au combat rangée.
L'une s'étend en croix sur les flots allongée ;
L'autre ouvre ses bras lourds et se courbe en croissant.

Ici l'Europe : enfin l'Europe qu'on déchaîne !
Avec ses grands vaisseaux voguant comme des tours.
Là, l'Egypte des Turcs, cette Asie africaine,
Ces vivaces forbans, mal tués par Duquesne,
Qui mit en vain le pied sur ces nids de vautours !

IV

Ecoutez ! — Le canon gronde.
Il est temps qu'on lui réponde.
Le patient est le fort.
Eclatent donc les bordées!
Sur ces nefs intimidées,
Frégates, jetez la mort !
Et qu'au souffle de vos bouches
Fondent ces vaisseaux farouches,
Broyés aux rochers du port !

La bataille enfin s'allume
Tout à la fois tonne et fume.
La mort vole où nous frappons
Là, tout brûle pêle-mêle.
Ici, court le brûlot frêle,

Qui jette aux mâts ses crampons,
Et, comme un chacal dévore
L'éléphant qui lutte encore,
Ronge un navire à trois ponts.

— L'abordage ! l'abordage ! —
On se suspend au cordage;
On s'élance des haubans.
La poupe heurte la proue.
La mêlée a dans sa roue,
Rameurs courbés sur leurs bancs,
Fantassins pleurant la terre,
L'épée et le cimeterre,
Les casques et les turbans !

La vergue aux vergues s'attache,
La torche insulte à la hache,
Tout s'attaque en même temps.
Sur l'abîme la mort nage.
Epouvantable carnage !
Champs de bataille flottants,
Qui, battus de cent volées,
S'écroulent sous les mêlées,
Avec tous leurs combattants !

V

Lutte horrible ! Ah ! quand l'homme, à l'étroit sur la terre,
Jusque sur l'Océan précipite la guerre,
Le sol tremble sous lui, tandis qu'il se débat.
La mer, la grande mer, joue avec ses batailles.
Vainqueurs, vaincus, à tous elle ouvre ses entrailles
     Le naufrage éteint le combat.

O spectacle ! Tandis que l'Afrique grondante
Bat nos puissants vaisseaux de sa flotte imprudente,
Qu'elle épuise à leurs flancs sa rage et ses efforts,
Chacun d'eux, géant fier, sur ces hordes bruyantes,
Ouvrant à temps égaux ses gueules foudroyantes,
Vomit tranquillement la mort de tous ses bords !

Tout s'embrase : voyez, l'eau de cendre est semée,
Le vent sous les mâts en flamme arrache la fumée,
Le feu sur les tillacs s'abat en ponts mouvants.
Déjà brûlent les nefs ; déjà, sourde et profonde,
La flamme en leurs flancs noirs ouvre un passage à l'onde ;
   Déjà sur les ailes des vents,

L'incendie, attaquant la frégate amirale,
Déroule autour des mâts son ardente spirale,
Prend les marins hurlants dans ses brûlants réseaux,
Couronne de ses jets la poupe inabordable,
Triomphe, et jette au loin un reflet formidable
Qui tremble, élargissant ses cercles sur les eaux !

VI

Où sont, enfants du Caire,
Ces flottes qui naguère
Emportaient à la guerre
Leurs mille matelots?
Ces voiles, où sont-elles,
Qu'armaient les infidèles,
Et qui prêtaient leurs ailes
A l'ongle des brûlots?

Où sont tes mille antennes,
Et tes hunes hautaines,
Et tes fiers capitaines,

Armada du sultan?
Ta ruine commence,
Toi qui, dans ta démence,
Battais les mers, immense
Comme Léviathan!

Le capitan qui tremble
Voit éclater ensemble
Ces chébecs que rassemble
Alger ou Tetuan.
Le feu vengeur embrasse
Son vaisseau dont la masse
Soulève, quand il passe,
Le fond de l'Océan.

Sur les mers irritées,
Dérivent, démâtées,
Nefs par les nefs heurtées,
Yachts aux mille couleurs,
Galères capitanes,
Caïques et tartanes
Qui portaient aux sultanes
Des têtes et des fleurs!

Adieu, sloops intrépides,
Adieu, jonques rapides,
Qui sur les eaux limpides
Bercez les icoglans!
Adieu, la goëlette
Dont la vague reflète
Le flamboyant squelette
Noir dans les feux sanglants!

Adieu, la barcarolle
Dont l'humble banderole
Autour des vaisseaux vole,
Et qui, peureuse, fuit,
Quand du souffle des brises
Les frégates surprises,
Gonflant leurs voiles grises,
Déferlent à grand bruit!

Adieu, la caravelle
Qu'une voile nouvelle
Aux yeux de loin révèle;
Adieu, le dogre ailé,
Le brick dont les amures
Rendent de sourds murmures,
Comme un amas d'armures
Par le vent ébranlé.

Adieu, la brigantine
Dont la voile latine
Du flot qui se mutine
Fend les vallons amers!
Adieu, la balancelle
Qui sur l'onde chancelle,
Et, comme une étincelle,
Luit sur l'azur des mers!

Adieu, lougres difformes,
Galéasses énormes,
Vaisseaux de toutes formes,
Vaisseaux de tous climats,
L'yole aux triples flammes,
Les mahonnes, les prames,
La felouque à six rames,
La polacre à deux mâts!

Chaloupes canonnières!
Et lanches marinières
Où flottaient les bannières
Du pacha souverain!

Bombardes que la houle,
Sur son front qui s'écroule,
Soulève, emporte et roule
Avec un bruit d'airain!

Adieu, ces nefs bizarres,
Caraques et gabares,
Qui de leurs cris barbares
Troublaient Chypre et Délos!
Que sont donc devenues
Ces flottes trop connues?
La mer les jette aux nues,
Le ciel les rend aux flots!

VII

Silence! Tout est fait : tout retombe à l'abîme.
L'écume des hauts mâts a recouvert la cime.
Des vaisseaux du sultan les flots se sont joués.
Quelques-uns, bricks rompus, prames désemparées,
Comme l'algue des eaux qu'apportent les marées,
Sur la grève noircie expirent échoués.

Ah! c'est une victoire! — Oui, l'Afrique défaite,
Le vrai Dieu sous ses pieds foulant le faux prophète,
Les tyrans, les bourreaux criant grâce! à leur tour,
Ceux qui meurent enfin sauvés par ceux qui règnent,
Hellé lavant ses flancs qui saignent,
Et six ans vengés dans un jour!

Depuis assez longtemps les peuples disaient : — « Grèce!
« Grèce! Grèce! tu meurs. Pauvre peuple en détresse,
« A l'horizon en feu chaque jour tu décrois.
« En vain, pour te sauver, patrie illustre et chère,
« Nous réveillons le prêtre endormi dans sa chaire,
« En vain nous mendions une armée à nos rois.

« Mais les rois restent sourds, les chaires sont muettes.
« Ton nom n'échauffe ici que des cœurs de poëtes.
« A la gloire, à la vie on demande tes droits!
« A la croix grecque, Hellé, ta valeur se confie... —
« C'est un peuple qu'on crucifie!
« Qu'importe, hélas! sur quelle croix! »

« Tes dieux s'en vont aussi. Parthénon, Propylées,
« Murs de Grèce, ossements des villes mutilées,
« Vous devenez une arme aux mains des mécréants.
« Pour battre ses vaisseaux du haut des Dardanelles,
« Chacun de vos débris, ruines solennelles,
« Donne un boulet de marbre à leurs canons géants! »

Qu'on change cette plainte en joyeuse fanfare!
Une rumeur surgit de l'Isthme jusqu'au Phare.
Regardez ce ciel noir plus beau qu'un ciel serein.
Le vieux colosse turc sur l'Orient retombe,
La Grèce est libre, et dans la tombe
Byron applaudit Navarin.

Salut donc, Albion, vieille reine des ondes!
Salut, aigle des czars, qui planes sur deux mondes!
Gloire à nos fleurs de lis dont l'éclat est si beau!
L'Angleterre aujourd'hui reconnaît sa rivale.
Navarin la lui rend. Notre gloire navale
A cet embrasement rallume son flambeau.

Je te retrouve, Autriche! — Oui, la voilà, c'est elle!
Non pas ici, mais là, — dans la flotte infidèle.
Parmi les rangs chrétiens en vain on te chercha.
Nous surprenons, honteuse et la tête penchée,
Ton aigle au double front cachée
Sous les crinières d'un pacha!

C'est bien ta place, Autriche! — On te voyait naguère
Briller près d'Ibrahim, ce Tamerlan vulgaire;
Tu dépouillais les morts qu'il foulait en passant;
Tu l'admirais, mêlée aux eunuques serviles,
Promenant au hasard sa torche dans les villes,
Horrible, et n'éteignant le feu qu'avec du sang.

Tu préférais ces feux aux clartés de l'aurore.
Aujourd'hui qu'à leur tour la flamme enfin dévore
Ses noirs vaisseaux, vomis des ports égyptiens,
Rouvre les yeux, regarde, Autriche abâtardie!
    Que dis-tu de cet incendie?
    Est-il aussi beau que les siens?

        Novembre 1827.

VI

CRI DE GUERRE DU MUFTI

       Hiero, despierta te!
    Cri de guerre des Almogavares.
        Fer, réveille-toi!

En guerre les guerriers! Mahomet! Mahomet!
Les chiens mordent les pieds du lion qui dormait;
    Ils relèvent leur tête infâme;
Ecrasez, ô croyants du prophète divin,
Ces chancelants soldats qui s'enivrent de vin,
    Ces hommes qui n'ont qu'une femme!

Meurent la race franque et ses rois détestés!
Spahis, timariots, allez, courez, jetez
    A travers les sombres mêlées
Vos sabres, vos turbans, le bruit de votre cor,
Vos tranchants étriers, larges triangles d'or,
    Vos cavales échevelées!

Qu'Othman, fils d'Ortogrul, vive en chacun de vous!
Que l'un ait son regard et l'autre son courroux.
    Allez, allez, ô capitaines.
Et nous te reprendrons, ville aux dômes d'azur,
Molle Setiniah, qu'en leur langage impur
    Les barbres nomment Athènes!

        Octobre 1828.

VII

LA DOULEUR DU PACHA

    Séparé de tout ce qui m'était cher,
    Je me consume solitaire et désolé.
        BYRON.

— Qu'a donc l'ombre d'Allah? disait l'humble derviche;
Son aumône est bien pauvre et son trésor bien riche!

Sombre, immobile, avare, il rit d'un rire amer.
A-t-il donc ébréché le sabre de son père?
Ou bien de ses soldats autour de son repaire
    Vu rugir l'orageuse mer?

— Qu'a-t-il donc, le pacha, le vizir des armées?
Disaient les bombardiers, leurs mèches allumées,
Les imans troublent-ils cette tête de fer?
A-t-il du ramazan rompu le jeûne austère?
Lui font-ils voir en rêve, aux bornes de la terre,
    L'ange Azraël, debout sur le pont de l'enfer?

— Qu'a-t-il donc? murmuraient les icoglans stupides.
Dit-on qu'il ait perdu, dans les courants rapides,
Le vaisseau des parfums qui le font rajeunir?
Trouve-t-on à Stamboul sa gloire assez ancienne?
Dans les prédictions de quelque Egyptienne
    A-t-il vu le muet venir?

— Qu'a donc le doux sultan? demandaient les sultanes,
A-t-il avec son fils surpris sous les platanes
Sa brune favorite aux lèvres de corail?
A-t-on souillé son bain d'une essence grossière?
Dans le sac du fellah, vidé sur la poussière,
    Manque-t-il quelque tête attendue au sérail?

— Qu'a donc le maître? ainsi s'agitent les esclaves.
Tous se trompent. — Hélas! si, perdu pour ses braves,
Assis comme un guerrier qui dévore un affront,
Courbé comme un vieillard sous le poids des années,
Depuis trois longues nuits et trois longues journées,
    Il croise ses mains sur son front,

Ce n'est pas qu'il ait vu la révolte infidèle,
Assiégeant son harem comme une citadelle,
Jeter jusqu'à sa couche un sinistre brandon;
Ni d'un père en sa main s'émousser le vieux glaive,
Ni paraître Azraël; ni passer dans un rêve
    Les muets bigarrés armés du noir cordon.

Hélas! l'ombre d'Allah n'a pas rompu le jeûne,
La sultane est gardée, et son fils est trop jeune;
Nul vaisseau n'a subi d'orages importuns;
Le Tartare avait bien sa charge accoutumée,
Il ne manque au sérail, solitude embaumée,
    Ni les têtes ni les parfums.

Ce ne sont pas non plus les villes écroulées,
Les ossements humains noircissant les vallées,
La Grèce incendiée, en proie aux fils d'Omar,
L'orphelin ni la veuve, et ses plaintes amères,
Ni l'enfance égorgée aux yeux des pauvres mères,
    Ni la virginité marchandée au bazar.

Non, non, ce ne sont pas ces figures funèbres,
Qui, d'un rayon sanglant luisant dans les ténèbres,
En passant dans son âme ont laissé le remord.
Qu'a-t-il donc ce pacha que la guerre réclame,
Et qui, triste et rêveur, pleure comme une femme?... —
    Son tigre de Nubie est mort.

        Décembre 1827.

La belle fille, il faut vous taire,
Il faut nous suivre : il fait bon vent.

VIII

CHANSON DE PIRATES

<small>Alerte! alerte!
Voici les pirates d'Ochali qui traversent le détroit.
Le Captif d'Ochali.</small>

Nous emmenions en esclavage
Cent chrétiens, pêcheurs de corail ;
Nous recrutions pour le sérail
Dans tous les moutiers du rivage.
En mer! les hardis écumeurs!
Nous allons de Fez à Catane...
Dans la galère capitane
Nous étions quatre-vingts rameurs.

On signale un couvent à terre :
Nous jetons l'ancre près du bord ;
A nos yeux s'offre tout d'abord
Une fille du monastère.
Près des flots, sourde à leurs rumeurs,
Elle dormait sous un platane...
Dans la galère capitane
Nous étions quatre-vingts rameurs.

— La belle fille, il faut vous taire,
Il faut nous suivre! il fait bon vent.
Ce n'est que changer de couvent ·
Le harem vaut le monastère.
Sa Hautesse aime les primeurs,
Nous vous ferons mahométane...
Dans la galère capitane
Nous étions quatre-vingts rameurs.

Si je n'étais captive,
J'aimerais ce pays.

Elle veut fuir vers sa chapelle.
— Osez-vous bien, fils de Satan?...
— Nous osons! dit le capitan.
Elle pleure, supplie, appelle.
Malgré sa plainte et ses clameurs,
On l'emporta dans la tartane...
Dans la galère capitane.
Nous étions quatre-vingts rameurs.

Plus belle encor dans sa tristesse,
Ses yeux étaient deux talismans.
Elle valait mille tomans ;
On la vendit à Sa Hautesse.
Elle eut beau dire : Je me meurs !
De nonne elle devint sultane...
Dans la galère capitane
Nous étions quatre-vingts rameurs.

Mars 1828.

IX

LA CAPTIVE

On entendait le chant des oiseaux
aussi harmonieux que la poésie.
Sadi, *Gulistan*.

Si je n'étais captive,
J'aimerais ce pays,
Et cette mer plaintive,
Et ces champs de maïs,
Et ces astres sans nombre,
Si le long du mur sombre
N'étincelait dans l'ombre
Le sabre des spahis.

Je ne suis point Tartare
Pour qu'un eunuque noir

M'accorde ma guitare,
Me tienne mon miroir.
Bien loin de ces Sodomes,
Au pays dont nous sommes,
Avec les jeunes hommes
On peut parler le soir.

Pourtant j'aime une rive
Où jamais des hivers
Le souffle froid n'arrive
Par les vitraux ouverts.
L'été, la pluie est chaude;
L'insecte vert qui rôde
Luit, vivante émeraude,
Sous les brins d'herbe verts.

Smyrne est une princesse
Avec son beau chapel;
L'heureux printemps sans cesse
Répond à son appel,
Et, comme un riant groupe
De fleurs dans une coupe,
Dans ses mers se découpe
Plus d'un frais archipel.

J'aime ces tours vermeilles,
Ces drapeaux triomphants,
Ces maisons d'or, pareilles
A des jouets d'enfants;
J'aime, pour mes pensées
Plus mollement bercées,
Ces tentes balancées
Au dos des éléphants.

Dans ces palais de fées,
Mon cœur, plein de concerts,
Croit, aux voix étouffées
Qui viennent des déserts,
Entendre les génies
Mêler les harmonies
Des chansons infinies
Qu'ils chantent dans les airs!

J'aime de ces contrées
Les doux parfums brûlants;
Sur les vitres dorées
Les feuillages tremblants;
L'eau que la source épanche
Sous le palmier qui penche,
Et la cigogne blanche
Sur les minarets blancs.

J'aime en un lit de mousses
Dire un air espagnol,
Quand mes compagnes douces,
Du pied rasant le sol,
Légion vagabonde
Où le sourire abonde,
Font tournoyer leur ronde
Sous un rond parasol.

Mais surtout, quand la brise,
Me touche en voltigeant,
La nuit, j'aime être assise,
Etre assise en songeant,
L'œil sur la mer profonde,
Tandis que, pâle et blonde,
La lune ouvre dans l'onde
Son éventail d'argent.

Juillet 1828.

X

CLAIR DE LUNE

Per amica silentia lunæ.
VIRGILE.

La lune était sereine et jouait sur les flots.
La fenêtre enfin libre est ouverte à la brise!
La sultane regarde, et la mer qui se brise,
Là-bas, d'un flot d'argent brode les noirs îlots.

De ses doigts en vibrant s'échappe la guitare.
Elle écoute... un bruit sourd frappe les sourds échos.
Est-ce un lourd vaisseau turc qui vient des eaux de Cos,
Battant l'archipel grec de sa rame tartare?

Sont-ce des cormorans qui plongent tour à tour,
Et coupent l'eau, qui roule en perles sur leur aile?
Est-ce un djinn qui là-haut siffle d'une voix grêle,
Et jette dans la mer les créneaux de la tour?

Qui trouble ainsi les flots près du sérail des femmes? —
Ni le noir cormoran, sur la vague bercé;
Ni les pierres du mur; ni le bruit cadencé
D'un lourd vaisseau rampant sur l'onde avec des rames.

Ce sont des sacs pesants, d'où partent des sanglots.
On verrait, en sondant la mer qui les promène,
Se mouvoir dans leurs flancs comme une forme humaine. —
La lune était sereine et jouait sur les flots.

Septembre 1828.

XI

LE VOILE

Avez-vous prié Dieu ce soir, Desdémona?
SHAKSPEARE.

LA SŒUR.

— Qu'avez-vous, qu'avez-vous, mes frères?
Vous baissez des fronts soucieux.
Comme des lampes funéraires,
Vos regards brillent dans vos yeux,
Vos ceintures sont déchirées;
Déjà trois fois, hors de l'étui,
Sous vos doigts, à demi tirées,
Les lames des poignards ont lui.

LE FRÈRE AINÉ.

N'avez-vous pas levé votre voile aujourd'hui?

LA SŒUR.

Je revenais du bain, mes frères,
Seigneurs, du bain je revenais,
Cachée aux regards téméraires
Des Giaours et des Albanais.
En passant près de la mosquée
Dans mon palanquin recouvert,

L'air de midi m'a suffoquée :
Mon voile un instant s'est ouvert.

LE SECOND FRÈRE.

Un homme alors passait? un homme en caftan vert?

LA SOEUR.

Oui... peut-être... mais son audace
N'a point vu mes traits devoilés...—
Mais vous vous parlez à voix basse,
A voix basse vous vous parlez.
Vous faut-il du sang? Sur votre âme,
Mes frères, il n'a pu me voir!
Grâce! tûrez-vous une femme
Faible et nue en votre pouvoir?

LE TROISIÈME FRÈRE.

Le soleil était rouge à son coucher ce soir!

LA SOEUR

Grâce! qu'ai-je fait? grâce! grâce!
Dieu! quatre poignards dans mon flanc!
Ah! par vos genoux que j'embrasse...
O mon voile! mon voile blanc!
Ne fuyez pas mes mains qui saignent,
Mes frères, soutenez mes pas!
Car sur mes regards qui s'éteignent
S'étend un voile de trépas.

LE QUATRIÈME FRÈRE.

C'en est un que du moins tu ne lèveras pas!

Septembre 1828.

XII

LA SULTANE FAVORITE

Perfide comme l'onde.
SHAKSPEARE.

N'ai-je pas pour toi, belle juive,
Assez dépeuplé mon sérail?
Souffre qu'enfin le reste vive :
Faut-il qu'un coup de hache suive
Chaque coup de ton éventail!

Repose-toi, jeune maîtresse :
Fais grâce au troupeau qui me suit.
Je te fais sultane et princesse :
Laisse en paix tes compagnes, cesse
D'implorer leur mort chaque nuit.

Quand à ce penser tu t'arrêtes,
Tu viens plus tendre à mes genoux,
Toujours je comprends dans les fêtes
Que tu vas demander des têtes
Quand ton regard devient plus doux.

Ah! jalouse entre les jalouses!
Si belle avec ce cœur d'acier!
Pardonne à mes autres épouses.

Voit-on que les fleurs des pelouses
Meurent à l'ombre du rosier?

Ne suis-je pas à toi? qu'importe,
Quand sur toi mes bras sont fermés,
Que cent femmes qu'un feu transporte
Consument en vain à ma porte
Leur souffle en soupirs enflammés!

Dans leur solitude profonde,
Laisse-les t'envier toujours;
Vois-les passer comme fuit l'onde,
Laisse-les vivre : à toi le monde,
A toi mon trône, à toi mes jours!

A toi tout mon peuple qui tremble;
A toi Stamboul qui, sur ce bord
Dressant mille flèches ensemble,
Se berce dans la mer et semble
Une flotte à l'ancre qui dort!

A toi, jamais à tes rivales,
Mes spahis aux rouges turbans,
Qui, se suivant sans intervalles,
Volent courbés sur leurs cavales
Comme des rameurs sur leurs bancs!

A toi, Bassora, Trébizonde,
Chypre où de vieux noms sont gravés,
Fez où la poudre d'or abonde,
Mosul où trafique le monde,
Erzeroum aux chemins pavés!

A toi Smyrne et ses maisons neuves,
Où vient blanchir le flot amer!
Le Gange redouté des veuves!
Le Danube qui par cinq fleuves
Tombe échevelé dans la mer!

Dis : crains-tu les filles de Grèce?
Les lis pâles de Damanhour?
Ou l'œil ardent de la négresse
Qui, comme une jeune tigresse,
Bondit rugissante d'amour?

Que m'importe, juive adorée,
Un sein d'ébène, un front vermeil?
Tu n'es point blanche ni cuivrée :
Mais il semble qu'on t'a dorée
Avec un rayon de soleil.

N'appelle donc plus la tempête,
Princesse, sur ces humbles fleurs;
Jouis en paix de ta conquête,
Et n'exige pas qu'une tête
Tombe avec chacun de tes pleurs!

Ne songe plus qu'aux frais platanes,
Au bain mêlé d'ambre et de nard,
Au golfe où glissent les tartanes...
Il faut au sultan des sultanes,
Il faut des perles au poignard'

Octobre 1828.

XIII

LE DERVICHE

Ὅταν ἦναι πεπρωμένος,
Εἰς τὸν οὐρανὸν γραμμένος,
Τοῦ ἀνθρώπου ὁ χαμός,
Ο, τι κάμῃ, ἀποθνήσκει,
Τὸν κρημνὸν παντοῦ εὑρίσκει.
Καὶ ὁ θάνατος αὐτὸς
Στὸ κρεββάτι τοῦ τὸν φθάνει,
Ὡσὰν βδέλλα τὸν βυζάνει,
Καὶ τὸν θάπτει μοναχός.

PANAGO SOUTZO.

Quand la perte d'un mortel est écrite dans le livre fatal de la destinée, quoi qu'il fasse, il n'échappera jamais à son funeste avenir; la mort le poursuit partout; elle le surprend même dans son lit, suce de ses lèvres avides son sang, et l'emporte sur ses épaules.

Un jour Ali passait : les têtes les plus hautes
Se courbaient au niveau des pieds de ses arnautes.
    Tout le peuple disait : Allah !
Un derviche soudain, cassé par l'âge aride,
Fendit la foule, prit son cheval par la bride,
    Et voici comme il lui parla :

« Ali Tépéléni, lumière des lumières,
« Qui sièges au divan sur les marches premières,
    « Dont le grand nom toujours grandit,
« Écoute-moi, vizir de ces guerriers sans nombre,
« Ombre du padischah qui de Dieu même est l'ombre,
    « Tu n'es qu'un chien et qu'un maudit !

« Un flambeau du sépulcre à ton insu t'éclaire.
« Comme un vase trop plein tu répands ta colère
    « Sur tout un peuple frémissant.
« Tu brilles sur leurs fronts comme une faux dans l'herbe,
« Et tu fais un ciment à ton palais superbe
    « De leurs os broyés dans leur sang.

« Mais ton jour vient. Il faut, dans Janina qui tombe,
« Que sous tes pas enfin croule et s'ouvre ta tombe !
    « Dieu te garde un carcan de fer
« Sous l'arbre du segjin chargé d'âmes impies
« Qui sur ses rameaux noirs frissonnent accroupies,
    « Dans la nuit du septième enfer !

« Ton âme fuira nue ! au livre de tes crimes
« Un démon te lira les noms de tes victimes ;
    « Tu les verras autour de toi,
« Ces spectres, teints du sang qui n'est plus dans leurs veines,
« Se presser plus nombreux que les paroles vaines
    « Que balbutiera ton effroi !

« Ceci t'arrivera sans que ta forteresse
« Ou ta flotte te puisse aider, dans ta détresse,
    « De sa rame ou de son canon ;
« Quand même Ali-Pacha, comme le juif immonde,
« Pour tromper l'ange noir qui l'attend hors du monde,
    « En mourant changerait de nom ! »

Ali sous sa pelisse avait un cimeterre,
Un tromblon tout chargé, s'ouvrant comme un cratère,
    Trois longs pistolets, un poignard.
Il écouta le prêtre et lui laissa tout dire,
Pencha son front rêveur, puis avec un sourire
    Donna sa pelisse au vieillard.

    Novembre 1828.

XIV

LE CHATEAU-FORT

Ἔρρωσο!

A quoi pensent ces flots qui baisent sans murmure
Les flancs de ce rocher luisant comme une armure ?
Quoi donc ! n'ont-ils pas vu, dans leur propre miroir,
Que ce roc, dont le pied déchire leurs entrailles,
A sur sa tête un fort, ceint de blanches murailles,
Roulé comme un turban autour de son front noir ?

Que font-ils ? à qui donc gardent-ils leur colère ?
Allons ! acharne-toi sur ce cap séculaire,
O mer, trêve un moment aux pauvres matelots !
Ronge, ronge ce roc ! qu'il chancelle, qu'il penche,
Et tombe enfin, avec sa forteresse blanche,
La tête la première, enfoncé dans les flots !

Dis, combien te faut-il de temps, ô mer fidèle,
Pour jeter bas ce roc avec sa citadelle ?
Un jour ? un an ? un siècle ?... au nid du criminel.
Précipite toujours ton eau jaune de sable !
Que t'importe le temps, ô mer intarissable ?
Un siècle est comme un flot dans ton gouffre éternel.

Engloutis cet écueil ! que ta vague l'efface
Et sur son front perdu toujours passe et repasse !
Que l'algue aux verts cheveux dégrade ses contours !
Que, sur son flanc couché, dans ton lit sombre il dorme !
Qu'on n'y distingue plus sa forteresse informe !
Que chaque flot emporte une pierre à ses tours !

Afin que rien n'en reste au monde, et qu'on respire
De ne plus voir la tour d'Ali, pacha d'Épire ;
Et qu'un jour, côtoyant les bords qu'Ali souilla,
Si le marin de Cos dans la mer ténébreuse
Voit un grand tourbillon dont le centre se creuse,
Aux passagers muets il dise : C'était là !

    Novembre 1828.

XV

MARCHE TURQUE

Là — Allah — Ellàlah !
Koran.

Il n'y a d'autre Dieu que Dieu.

Ma dague d'un sang noir à mon côté ruisselle,
Et ma hache est pendue à l'arçon de ma selle.

J'aime le vrai soldat, effroi de Bélial :
Son turban évasé rend son front plus sévère ;
Il baise avec respect la barbe de son père,
Il voue à son vieux sabre un amour filial,
Et porte un doliman percé dans les mêlées
De plus de coups que n'a de taches étoilées
    La peau du tigre impérial.

Ma dague d'un sang noir à mon côté ruisselle,
Et ma hache est pendue à l'arçon de ma selle.

Un bouclier de cuivre à son bras sonne et luit,
Rouge comme la lune au milieu d'une brume;
Son cheval hennissant mâche un frein blanc d'écume;
Un long sillon de poudre en sa course le suit.
Quand il passe au galop sur le pavé sonore,
On fait silence, on dit : C'est un cavalier maure !
    Et chacun se retourne au bruit.

Ma dague d'un sang noir à mon côté ruisselle,
Et ma hache est pendue à l'arçon de ma selle.

Quand dix mille Giaours viennent au son du cor,
Il leur répond; il vole, et d'un souffle farouche
Fait jaillir la terreur du clairon qu'il embouche,
Tue, et parmi les morts sent croître son essor,
Rafraîchit dans leur sang son caftan écarlate,
Et pousse son coursier qui se lasse, et le flatte
    Pour en égorger plus encor !

Ma dague d'un sang noir à mon côté ruisselle,
Et ma hache est pendue à l'arçon de ma selle.

J'aime, s'il est vainqueur, quand s'est tu le tambour,
Qu'il ait sa belle esclave aux paupières arquées,
Et, laissant les imans qui prêchent aux mosquées
Boire du vin la nuit, qu'il en boive au grand jour !
J'aime, après le combat, que sa voix enjouée
Rie, et, des cris de guerre encor tout enrouée,
    Chante les houris et l'amour !

Ma dague d'un sang noir à mon côté ruisselle,
Et ma hache est pendue à l'arçon de ma selle.

Qu'il soit grave, et rapide à venger un affront;
Qu'il aime mieux savoir le jeu du cimeterre
Que tout ce qu'à vieillir on apprend sur la terre,
Qu'il ignore quels jours les soleils s'éteindront,
Quand rouleront les mers sur les sables arides,
Mais qu'il soit brave et jeune, et préfère à des rides
    Des cicatrices sur son front !

Ma dague d'un sang noir à mon côté ruisselle,
Et ma hache est pendue à l'arçon de ma selle.

Tel est, comparadgis, spahis, timariots,
Le vrai guerrier croyant ! Mais celui qui se vante,
Et qui tremble au moment de semer l'épouvante,
Qui le dernier arrive aux camps impériaux,
Qui, lorsque d'une ville on a forcé la porte,
Ne fait pas, sous le poids du butin qu'il rapporte,
    Plier l'essieu des chariots;

Ma dague d'un sang noir à mon côté ruisselle,
Et ma hache est pendue à l'arçon de ma selle.

Celui qui d'une femme aime les entretiens ;
Celui qui ne sait pas dire dans une orgie
Quelle est d'un beau cheval la généalogie ;
Qui cherche ailleurs qu'en soi force, amis et soutiens,
Sur de soyeux divans se couche avec mollesse,
Craint le soleil, sait lire, et par scrupule laisse
    Tout le vin de Chypre aux chrétiens ;

Ma dague d'un sang noir à mon côté ruisselle,
Et ma hache est pendue à l'arçon de ma selle.

Celui-là, c'est un lâche, et non pas un guerrier.
Ce n'est pas lui qu'on voit dans la bataille ardente
Pousser un fier cheval, à la housse pendante,
Le sabre en main, debout sur le large étrier;
Il n'est bon qu'à presser des talons une mule,
En murmurant tout bas quelque vaine formule,
    Comme un prêtre qui va prier !

Ma dague d'un sang noir à mon côté ruisselle,
Et ma hache est pendue à l'arçon de ma selle.

    Mai 1828.

XVI

LA BATAILLE PERDUE

> Sur la plus haute colline
> Il monte, et sa javeline
> Soutenant ses membres lourds,
> Il voit son armée en fuite
> Et de sa tente détruite
> Pendre en lambeaux le velours.
>
> Ém. Deschamps, *Rodrigue pendant la bataille.*

« Allah ! qui me rendra ma formidable armée,
« Emirs, cavalerie au carnage animée ?
« Et ma tente, et mon camp éblouissant à voir,
« Qui la nuit allumait tant de feux, qu'à leur nombre
« On eût dit que le ciel sur la colline sombre
    « Laissait ses étoiles pleuvoir ?

« Qui me rendra mes beys aux flottantes pelisses ?
« Mes fiers timariots, turbulentes milices ?
« Mes khans bariolés ? mes rapides spahis ?
« Et mes Bédouins hâlés, venus des Pyramides,
« Qui riaient d'effrayer les laboureurs timides,
« Et poussaient leurs chevaux par les champs de maïs ?

« Tous ces chevaux, à l'œil de flamme, aux jambes grêles,
« Qui volaient dans les blés comme des sauterelles,
« Quoi ! je ne verrai plus, franchissant les sillons,
« Leurs troupes, par la mort en vain diminuées,
« Sur les carrés pesants s'abattant par nuées,
    « Couvrir d'éclairs les bataillons !

« Ils sont morts : dans le sang traînent leurs belles housses ;
« Le sang souille et noircit leur croupe aux taches rousses ;
« L'éperon s'userait sur leur flanc arrondi
« Avant de réveiller leurs pas jadis rapides,
« Et près d'eux sont couchés leurs maîtres intrépides
« Qui dormaient à leur ombre aux haltes de midi !

« Allah ! qui me rendra ma redoutable armée ?
« La voilà par les champs tout entière semée,
« Comme l'or d'un prodigue épars sur le pavé.
« Quoi ! chevaux, cavaliers, Arabes et Tartares,
« Leurs turbans, leur galop, leurs drapeaux, leurs fanfares,
    « C'est comme si j'avais rêvé !

« O mes vaillants soldats et leurs coursiers fidèles !
« Leur voix n'a plus de bruit et leurs pieds n'ont plus d'ailes,
« Ils ont oublié tout, et le sabre et le mors.
« De leurs corps entassés cette vallée est pleine ;
« Voilà pour bien longtemps une sinistre plaine !
« Ce soir l'odeur du sang : demain l'odeur des morts.

« Quoi ! c'était une armée ! et ce n'est plus qu'une ombre !
« Ils se sont bien battus, de l'aube à la nuit sombre,
« Dans le cercle fatal ardents à se presser.
« Les noirs linceuls des nuits sur l'horizon se posent.
« Les braves ont fini : maintenant ils reposent,
    « Et les corbeaux vont commencer.

« Déjà, passant leur bec entre leurs plumes noires,
« Du fond des bois, du haut des chauves promontoires,
« Ils accourent : des morts ils rongent les lambeaux ;
« Et cette armée, hier formidable et suprême,
« Cette puissante armée, hélas ! ne peut plus même
« Effaroucher un aigle et chasser des corbeaux !

« Oh ! si j'avais encor cette armée immortelle,
« Je voudrais conquérir des mondes avec elle :
« Je la ferais régner sur les rois ennemis ;
« Elle serait ma sœur, ma dame et mon épouse.

« Mais que fera la mort inféconde et jalouse,
  « De tant de braves endormis?

« Que n'ai-je été frappé? que n'a sur la poussière
« Roulé mon vert turban avec ma tête altière !
« Hier j'étais puissant; hier trois officiers,
« Immobiles et fiers sur leur selle tigrée,
« Portaient, devant le seuil de ma tente dorée,
« Trois panaches ravis aux croupes des coursiers.

« Hier j'avais cent tambours tonnant à mon passage;
« J'avais quarante agas contemplant mon visage,
« Et d'un sourcil froncé tremblant dans leurs palais.
« Au lieu des lourds pierriers qui dorment sur les proues,
« J'avais de beaux canons roulant sur quatre roues,
  « Avec leurs canonniers anglais.

« Hier j'avais des châteaux; j'avais de belles villes;
« Des Grecques par milliers à vendre aux juifs serviles;
« J'avais de grands harems et de grands arsenaux.
« Aujourd'hui dépouillé, vaincu, proscrit, funeste,
« Je fuis... De mon empire, hélas! rien ne me reste;
« Allah! je n'ai plus même une tour à créneaux!

« Il faut fuir, moi, pacha, moi, vizir à trois queues!
« Franchir l'horizon vaste et les collines bleues,
« Furtif, baissant les yeux, presque tendant la main,
« Comme un voleur qui fuit troublé dans les ténèbres,
« Et croit voir des gibets dressant leurs bras funèbres
  « Dans tous les arbres du chemin! »

Ainsi parlait Reschid, le soir de sa défaite.
Nous eûmes mille Grecs tués à cette fête,
Mais le vizir fuyait, seul, ce champ meurtrier.
Rêveur, il essuyait son rouge cimeterre;
Deux chevaux près de lui du pied battaient la terre,
Et, vides, sur leurs flancs sonnaient les étriers.

  Mai 1828.

XVII

LE RAVIN

. . . . alte fosse
Che vallan quella terra sconsolata.
DANTE.

Un ravin de ces monts coupe la noire crête;
Comme si, voyageant du Caucase au Cédar,
Quelqu'un de ces Titans que nul rempart n'arrête
  Avait fait passer sur leur tête
  La roue immense de son char.

Hélas! combien de fois, dans nos temps de discorde,
Des flots de sang chrétien et de sang mécréant,
Baignant le cimeterre et la miséricorde,
Ont changé tout à coup en torrent qui déborde
  Cette ornière d'un char géant!

  Avril 1828.

XVIII

L'ENFANT

O horror! horror! horror!
SHAKSPEARE, Macbeth.

Les Turcs ont passé là : tout est ruine et deuil.
Chio, l'île des vins, n'est plus qu'un sombre écueil,
  Chio, qu'ombrageaient les charmilles,
Chio, qui dans les flots reflétait ses grands bois,
Ses coteaux, ses palais, et le soir quelquefois
  Un chœur dansant de jeunes filles.

Tout est désert : mais non, seul près des murs noircis,
Un enfant aux yeux bleus, un enfant grec, assis,
  Courbait sa tête humiliée.
Il avait pour asile, il avait pour appui
Une blanche aubépine, une fleur, comme lui
  Dans le grand ravage oubliée.

— Ah! pauvre enfant, pieds nus sur les rocs anguleux!
Hélas! pour essuyer les pleurs de tes yeux bleus
  Comme le ciel et comme l'onde,
Pour que dans leur azur, de larmes orageux,
Passe le vif éclair de la joie et des jeux,
  Pour relever ta tête blonde,

Que veux-tu? bel enfant, que te faut-il donner
Pour rattacher gaîment et gaîment ramener
  En boucles sur ta blanche épaule
Ces cheveux qui du fer n'ont pas subi l'affront,
Et qui pleurent épars autour de ton beau front,
  Comme les feuilles sur le saule?

Qui pourrait dissiper tes chagrins nébuleux?
Est-ce d'avoir ce lis, bleu comme tes yeux bleus,
  Qui d'Iran borde le puits sombre,
Ou le fruit du tuba, de cet arbre si grand,
Qu'un cheval au galop met toujours en courant
  Cent ans à sortir de son ombre?

Veux-tu, pour me sourire, un bel oiseau des bois,
Qui chante avec un chant plus doux que le hautbois,
  Plus éclatant que les cymbales?
Que veux-tu? fleur, beau fruit, ou l'oiseau merveilleux?
— Ami, dit l'enfant grec, dit l'enfant aux yeux bleus,
  Je veux de la poudre et des balles.

  Juin 1828.

XIX

SARA LA BAIGNEUSE

Le soleil et les vents, dans ces bocages sombres;
Des feuilles sur son front faisaient flotter les ombres
ALFRED DE VIGNY.

Sara, belle d'indolence,
  Se balance
Dans un hamac, au-dessus
Du bassin d'une fontaine
  Toute pleine
D'eau puisée à l'Ilissus;

Et la frêle escarpolette
  Se reflète
Dans le transparent miroir,
Avec la baigneuse blanche
  Qui se penche,
Qui se penche pour se voir.

Chaque fois que la nacelle
  Qui chancelle
Passe à fleur d'eau dans son vol,
On voit sur l'eau qui s'agite
  Sortir vite
Son beau pied et son beau col.

Elle bat d'un pied timide
  L'onde humide

Qui ride son clair tableau :
Du beau pied rougit l'albâtre ;
    La folâtre
Rit de la fraîcheur de l'eau.

Reste ici caché : demeure !
    Dans une heure,
D'un œil ardent tu verras
Sortir du bain l'ingénue,
    Toute nue,
Croisant ses mains sur ses bras !

Car c'est un astre qui brille
    Qu'une fille
Qui sort d'un bain au flot clair,
Cherche s'il ne vient personne,
    Et frissonne,
Toute mouillée au grand air !

Elle est là, sous la feuillée,
    Éveillée,
Au moindre bruit de malheur,
Et rouge pour une mouche
    Qui la touche
Comme une grenade en fleur.

On voit tout ce que dérobe
    Voile ou robe ;
Dans ses yeux d'azur en feu,
Son regard que rien ne voile
    Est l'étoile
Qui brille au fond d'un ciel bleu.

L'eau sur son corps qu'elle essuie
    Roule en pluie,
Comme sur un peuplier,
Comme si, gouttes à gouttes,
    Tombaient toutes
Les perles de son collier.

Mais Sara la nonchalante
    Est bien lente
A finir ses doux ébats ;
Toujours elle se balance
    En silence,
Et va murmurant tout bas :

« Oh ! si j'étais capitane,
    « Ou sultane,
« Je prendrais des bains ambrés,
« Dans un bain de marbre jaune,
    « Près d'un trône,
« Entre deux griffons dorés !

« J'aurais le hamac de soie
    « Qui se ploie
« Sous le corps prêt à pâmer ;
« J'aurais la molle ottomane
    « Dont émane
« Un parfum qui fait aimer.

« Je pourrais folâtrer nue,
    « Sous la nue,
« Dans le ruisseau du jardin,
« Sans crainte de voir dans l'ombre
    « Du bois sombre
« Des yeux s'allumer soudain.

« Il faudrait risquer sa tête
    « Inquiète,
« Et tout braver pour me voir,
« Le sabre nu de l'heyduque,
    « Et l'eunuque
« Aux dents blanches, au front noir !

« Puis je pourrais, sans qu'on presse
    « Ma paresse,

« Laisser avec mes habits
« Traîner sur les larges dalles
    « Mes sandales
« De drap brodé de rubis. »

Ainsi se parle en princesse,
    Et sans cesse
Se balance avec amour
La jeune fille rieuse,
    Oublieuse
Des promptes ailes du jour.

L'eau, du pied de la baigneuse
    Peu soigneuse,
Rejaillit sur le gazon,
Sur sa chemise plissée,
    Balancée
Aux branches d'un vert buisson.

Et cependant des campagnes
    Ses compagnes
Prennent toutes le chemin.
Voici leur troupe frivole
    Qui s'envole
En se tenant par la main.

Chacune, en chantant comme elle,
    Passe et mêle
Ce reproche à sa chanson :
— Oh ! la paresseuse fille
    Qui s'habille
Si tard un jour de moisson !

    Juillet 1828.

XX

ATTENTE

Esperaba, desperada.

Monte, écureuil, monte au grand chêne,
Sur la branche des cieux prochaine,
Qui plie et tremble comme un jonc.
Cigogne, aux vieilles tours fidèle,
Oh ! vole ! et monte à tire-d'aile
De l'église à la citadelle,
Du haut clocher au grand donjon.

Vieux aigle, monte de ton aire
A la montagne centenaire
Que blanchit l'hiver éternel ;
Et toi qu'en ta couche inquiète
Jamais l'aube ne vit muette,
Monte, monte, vive alouette !
Vive alouette, monte au ciel !

Et maintenant, du haut de l'arbre,
Des flèches de la tour de marbre,
Du grand mont, du ciel enflammé,
A l'horizon, parmi la brume,
Voyez-vous flotter une plume,
Et courir un cheval qui fume,
Et revenir mon bien-aimé ?

    Juin 1828.

Allah! qui me rendra ma redoutable armée?
La voilà par les champs tout entière semée
(Page 21.)

XXI

LAZZARA

Et cette femme était fort belle.
Rois, chap. xi, v. 2.

Comme elle court! voyez : — par les poudreux sentiers,
Par les gazons tout pleins de touffes d'églantiers,
 Par les blés où le pavot brille,
Par les chemins perdus, par les chemins frayés,
Par les monts, par les bois, par les plaines, voyez
 Comme elle court, la jeune fille!

Elle est grande, elle est svelte, et quand, d'un pas joyeux,
Sa corbeille de fleurs sur la tête, à nos yeux
 Elle apparaît vive et folâtre,
A voir sur son beau front s'arrondir ses bras blancs,
On croirait voir de loin, dans nos temples croulants,
 Une amphore aux anses d'albâtre.

Elle est jeune et rieuse, et chante sa chanson,
Et, pieds nus, près du lac, de buisson en buisson,
 Poursuit les vertes demoiselles.
Elle lève sa robe et passe les ruisseaux.
Elle va, court, s'arrête, et vole, et les oiseaux
 Pour ses pieds donneraient leurs ailes.

Quand, le soir, pour la danse on va se réunir,
A l'heure où l'on entend lentement revenir
 Les grelots du troupeau qui bêle,
Sans chercher quels atours à ses traits conviendront,
Elle arrive, et la fleur qu'elle attache à son front
 Nous semble toujours la plus belle.

Certes, le vieux Omer, pacha de Négrepont,
Pour elle eût tout donné, vaisseaux à triple pont,
 Foudroyantes artilleries,

Elle est grande, elle est svelte, et quand, d'un pas joyeux,
Sa corbeille de fleurs sur la tête, à nos yeux.....
(Page 24.)

Harnais de ses chevaux, toisons de ses brebis,
Et son riche turban de soie, et ses habits
    Tout ruisselants de pierreries ;

Et ses lourds pistolets, ses tromblons évasés,
Et leurs pommeaux d'argent par sa main rude usés,
    Et ses sonores espingoles,
Et son courbe damas, et, don plus riche encor,
La grande peau de tigre où pend son carquois d'or,
    Hérissé de flèches mogoles.

Il eût donné sa housse et son large étrier
Donné tous ses trésors avec le trésorier,
    Donné ses trois cents concubines ;
Donné ses chiens de chasse aux colliers de vermeil ;
Donné ses Albanais, brûlés par le soleil,
    Avec leurs longues carabines.

Il eût donné les Francs, les Juifs et leur rabbin ;
Son kiosque rouge et vert, et ses salles de bain
    Aux grands pavés de mosaïque ;

Sa haute citadelle aux créneaux anguleux ;
Et sa maison d'été qui se mire aux flots bleus
    D'un golfe de Cyrénaïque.

Tout ! jusqu'au cheval blanc qu'il élève au sérail,
Dont la sueur à flots argente le poitrail ;
    Jusqu'au frein que l'or damasquine,
Jusqu'à cette Espagnole, envoi du dey d'Alger,
Qui soulève, en dansant son fandango léger,
    Les plis brodés de sa basquine !

Ce n'est point un pacha, c'est un klephte à l'œil noir
Qui l'a prise, et qui n'a rien donné pour l'avoir ;
    Car la pauvreté l'accompagne ;
Un klephte a pour tous biens l'air du ciel, l'eau des puits,
Un bon fusil bronzé par la fumée, et puis
    La liberté sur la montagne.

Mai 1828

XXII

VOEU

*Ainsi qu'on choisit une rose
Dans les guirlandes de Sârons,
Choisissez une vierge éclose
Parmi les lis de vos vallons.*
LAMARTINE.

Si j'étais la feuille que roule
L'aile tournoyante du vent,
Qui flotte sur l'eau qui s'écoule,
Et qu'on suit de l'œil en rêvant;

Je me livrerais, fraiche encore,
De la branche me détachant,
Au zéphyr qui souffle à l'aurore,
Au ruisseau qui vient du couchant.

Plus loin que le fleuve qui gronde,
Plus loin que les vastes forêts,
Plus loin que la gorge profonde,
Je fuirais, je courrais, j'irais!

Plus loin que l'antre de la louve,
Plus loin que le bois des ramiers,
Plus loin que la plaine où l'on trouve
Une fontaine et trois palmiers;

Par-delà ces rocs qui répandent
L'orage en torrent dans les blés;
Par-delà ce lac morne où pendent
Tant de buissons échevelés;

Plus loin que les terres arides
Du chef maure au large ataghan,
Dont le front pâle a plus de rides
Que la mer un jour d'ouragan.

Je franchirais comme la flèche
L'étang d'Arta, mouvant miroir,
Et le mont dont la cime empêche
Corinthe et Mykos de se voir.

Comme par un charme attirée,
Je m'arrêterais au matin
Sur Mykos, la ville carrée,
La ville aux coupoles d'étain.

J'irais chez la fille du prêtre,
Chez la blanche fille à l'œil noir,
Qui le jour chante à sa fenêtre,
Et joue à sa porte le soir.

Enfin, pauvre feuille envolée,
Je viendrais, au gré de mes vœux,
Me poser sur son front, mêlée
Aux boucles de ses blonds cheveux;

Comme une perruche au pied leste
Dans le blé jaune, ou bien encor
Comme dans un jardin céleste
Un fruit vert sur un arbre d'or;

Et là, sur sa tête qui penche,
Je serais, fût-ce peu d'instants,
Plus fière que l'aigrette blanche
Au front étoilé des sultans.

Septembre 1828.

XXIII

LA VILLE PRISE

Feu, feu, sang, sang et ruine!
CORTE REAL, *le Siége de Diu.*

La flamme par ton ordre, ô Roi, luit et dévore,
De ton peuple en grondant elle étouffe les cris;
Et, rougissant les toits comme une sombre aurore,
Semble en son vol joyeux danser sur leurs débris.

Le meurtre aux mille bras comme un géant se lève;
Les palais embrasés se changent en tombeaux;
Pères, femmes, époux, tout tombe sous le glaive;
Autour de la cité s'appellent les corbeaux.

Les mères ont frémi! les vierges palpitantes,
O calife! ont pleuré leurs jeunes ans flétris;
Et les coursiers fougueux ont traîné hors des tentes
Leurs corps vivants, de coups et de baisers meurtris!

Vois d'un vaste linceul la ville enveloppée;
Vois! quand ton bras puissant passe, il fait tout plier.
Les prêtres qui priaient ont péri par l'épée,
Jetant leur livre saint comme un vain bouclier!

Les tout petits enfants, écrasés sous les dalles,
Ont vécu : de leur sang le fer s'abreuve encor... —
Ton peuple baise, ô roi, la poudre des sandales
Qu'à ton pied glorieux attache un cercle d'or!

Avril 1825.

XXIV

ADIEUX DE L'HOTESSE ARABE

*10. Habitez avec nous : la terre est en votre puissance,
cultivez-la, trafiquez-y, et la possédez.*
Genèse, chap. XXIV.

Puisque rien ne t'arrête en cet heureux pays,
Ni l'ombre du palmier, ni le jaune maïs,
  Ni le repos, ni l'abondance;
Ni de voir à ta voix battre le jeune sein
De nos sœurs, dont, les soirs, le tournoyant essaim
  Couronne un coteau de sa danse;

Adieu, voyageur blanc! J'ai sellé de ma main,
De peur qu'il ne te jette aux pierres du chemin,
  Ton cheval à l'œil intrépide;
Ses pieds fouillent le sol, sa croupe est belle à voir,
Ferme, ronde et luisante, ainsi qu'un rocher noir
  Que polit une onde rapide.

Tu marches donc sans cesse! Oh! que n'es-tu de ceux
Qui donnent pour limite à leurs pieds paresseux
  Leurs toits de branches ou de toiles!
Qui, rêveurs, sans en faire, écoutent les récits,
Et souhaitent, le soir, devant leur porte assis,
  De s'en aller dans les étoiles!

Si tu l'avais voulu, peut-être une de nous,
O jeune homme, eût aimé te servir à genoux
  Dans nos huttes toujours ouvertes;

Elle eût fait, en berçant ton sommeil de ses chants,
Pour chasser de ton front les moucherons méchants,
    Un éventail de feuilles vertes.

Mais tu pars! — Nuit et jour tu vas seul et jaloux.
Le fer de ton cheval arrache aux durs cailloux
    Une poussière d'étincelles;
A ta lance qui passe et dans l'ombre reluit,
Les aveugles démons qui volent dans la nuit
    Souvent ont déchiré leurs ailes.

Si tu reviens, gravis, pour trouver ce hameau,
Ce mont noir qui de loin semble un dos de chameau ;
    Pour trouver ma hutte fidèle,
Songe à son toit aigu comme une ruche à miel,
Qu'elle n'a qu'une porte, et qu'elle s'ouvre au ciel
    Du côté d'où vient l'hirondelle.

Si tu ne reviens pas, songe un peu quelquefois
Aux filles du désert, sœurs à la douce voix,
    Qui dansent pieds nus sur la dune;
O beau jeune homme blanc, bel oiseau passager,
Souviens-toi; car, peut-être, ô rapide étranger,
    Ton souvenir reste à plus d'une!

Adieu donc ! — Va tout droit. Garde-toi du soleil,
Qui dore nos fronts bruns, mais brûle un teint vermeil ;
    De l'Arabie infranchissable,
De la vieille qui va seule et d'un pas tremblant,
Et de ceux qui le soir, avec un bâton blanc,
    Tracent des cercles sur le sable!

    Novembre 1828.

XXV

MALÉDICTION

    Ed altro disse : ma non l'ho a mente.
                   DANTE.

Et d'autres choses encore ; mais je ne les ai plus
    dans l'esprit.

Qu'il erre sans repos, courbé dès sa jeunesse,
En des sables sans borne où le soleil renaisse
    Sitôt qu'il aura lui !
Comme un noir meurtrier qui fuit, dans la nuit sombre
S'il marche, que sans cesse il entende dans l'ombre
    Un pas derrière lui !

En des glaciers polis comme un tranchant de hache,
Qu'il glisse, et roule, et tombe, et tombe, et se rattache
    De l'ongle à leurs parois !
Qu'il soit pris pour un autre, et, râlant sur la roue,
Dise : Je n'ai rien fait ! et qu'alors on le cloue
    Sur un gibet en croix !

Qu'il pende échevelé, la bouche violette !
Que, visible à lui seul, la mort, chauve squelette,
    Rie en le regardant !
Que son cadavre souffre, et vive assez encore
Pour sentir, quand la mort le ronge et le dévore,
    Chaque coup de sa dent !

Qu'il ne soit plus vivant et ne soit pas une âme !
Que sur ses membres nus tombe un soleil de flamme
    Ou la pluie à ruisseaux !
Qu'il s'éveille en sursaut chaque nuit dans la brume,
Là, lutte, et se secoue, et vainement écume
    Sous des griffes d'oiseaux !

    Août 1828.

XXVI

LES TRONÇONS DU SERPENT

    D'ailleurs les sages ont dit :
Il ne faut point attacher son cœur aux choses passagères.
        SADI, *Gulistan*.

Je veille, et nuit et jour mon front rêve enflammé,
    Ma joue en pleurs ruisselle,
Depuis qu'Albaydé dans la tombe a fermé
    Ses beaux yeux de gazelle.

Car elle avait quinze ans, un sourire ingénu,
    Et m'aimait sans mélange,
Et, quand elle croisait ses bras sur son sein nu,
    On croyait voir un ange !

Un jour, pensif, j'errais au bord d'un golfe ouvert
    Entre deux promontoires,
Et je vis sur le sable un serpent jaune et vert,
    Jaspé de taches noires.

La hache en vingt tronçons avait coupé vivant
    Son corps que l'onde arrose,
Et l'écume des mers que lui jetait le vent
    Sur son sang flottait rose.

Tous ses anneaux vermeils rampaient en se tordant
    Sur la grève isolée,
Et le sang empourprait d'un rouge plus ardent
    Sa crête dentelée.

Ces tronçons déchirés, épars, près d'épuiser
    Leurs forces languissantes,
Se cherchaient, se cherchaient, comme pour un baiser
    Deux bouches frémissantes.

Et comme je rêvais, triste et suppliant Dieu
    Dans ma pitié muette,
La tête aux mille dents rouvrit son œil de feu,
    Et me dit : « O poëte !

« Ne plains que toi ! ton mal est plus envenimé,
    « Ta plaie est plus cruelle ;
« Car ton Albaydé dans la tombe a fermé
    « Ses beaux yeux de gazelle.

« Ce coup de hache aussi brise ton jeune essor.
    « Ta vie et tes pensées
« Autour d'un souvenir, chaste et dernier trésor,
    « Se traînent dispersées.

« Ton génie, au vol large, éclatant, gracieux,
    « Qui, mieux que l'hirondelle,
« Tantôt rasait la terre, et tantôt dans les cieux
    « Donnait de grands coups d'aile,

« Comme moi maintenant, meurt près des flots troublés,
    « Et ses forces s'éteignent,
« Sans pouvoir réunir ses tronçons mutilés
    « Qui rampent et qui saignent. »

    Novembre 1828.

XXVII

NOURMAHAL LA ROUSSE

> No es bestia que non fus hy trobada.
> JOAN LORENZO SEGURA DE ASTORGA.
> Pas de bête fauve qui ne s'y trouvât.

Entre deux rocs d'un noir d'ébène
Voyez-vous ce sombre hallier
Qui se hérisse dans la plaine,
Ainsi qu'une touffe de laine
Entre les cornes du bélier?

Là, dans une ombre non frayée,
Grondent le tigre ensanglanté,
La lionne, mère effrayée,
Le chacal, l'hyène rayée
Et le léopard tacheté.

Là, des monstres de toute forme
Rampent : — le basilic rêvant,
L'hippopotame au ventre énorme,
Et le boa, vaste et difforme,
Qui semble un tronc d'arbre vivant.

L'orfraie aux paupières vermeilles,
Le serpent, le singe méchant,
Sifflent comme un essaim d'abeilles
L'éléphant aux larges oreilles
Casse les bambous en marchant.

Là, vit la sauvage famille
Qui glapit, bourdonne et mugit.
Le bois entier hurle et fourmille.
Sous chaque buisson un œil brille,
Dans chaque antre une voix rugit.

Eh bien! seul et nu sur la mousse,
Dans ce bois-là je serais mieux
Que devant Nourmahal la Rousse,
Qui parle avec une voix douce
Et regarde avec de doux yeux!

Novembre 1828.

XXVIII

LES DJINNS

> E come i gru van cantando lor lai,
> Facendo in aer di se lunga riga;
> Cosi vid' io venir traendo guai
> Ombre portate d' alla detta briga.
> DANTE.
>
> Et comme les grues qui font dans l'air de longues files vont chantant leur plainte, ainsi je vis venir traînant des gémissements les ombres emportées par cette tempête.

Murs, ville,
Et port,
Asile
De mort,
Mer grise
Où brise
La brise,
Tout dort.

Dans la plaine
Naît un bruit,
C'est l'haleine
De la nuit.
Elle brame
Comme une âme
Qu'une flamme
Toujours suit.

La voix plus haute
Semble un grelot. —
D'un nain qui saute
C'est le galop :
Il fuit, s'élance,
Puis en cadence
Sur un pied danse
Au bout d'un flot.

La rumeur approche;
L'écho la redit.
C'est comme la cloche
D'un couvent maudit; —
Comme un bruit de foule,
Qui tonne et qui roule,
Et tantôt s'écoule
Et tantôt grandit.

Dieux! la voix sépulcrale
Des Djinns! — Quel bruit ils font!
Fuyons sous la spirale
De l'escalier profond!
Déjà s'éteint ma lampe,
Et l'ombre de la rampe,
Qui le long du mur rampe,
Monte jusqu'au plafond.

C'est l'essaim des Djinns qui passe,
Et tourbillonne en sifflant.
Les ifs, que leur vol fracasse,
Craquent comme un pin brûlant,
Leur troupeau lourd et rapide,
Volant dans l'espace vide,
Semble un nuage livide
Qui porte un éclair au flanc.

Ils sont tout près! — Tenons fermée
Cette salle où nous les narguons.
Quel bruit dehors! hideuse armée
De vampires et de dragons!
La poutre du toit descellée
Ploie ainsi qu'une herbe mouillée,
Et la vieille porte rouillée
Tremble à déraciner ses gonds!

Cris de l'enfer! voix qui hurle et qui pleure!
L'horrible essaim, poussé par l'aquilon,
Sans doute, ô ciel! s'abat sur ma demeure.
Le mur fléchit sous le noir bataillon.
La maison crie et chancelle, penchée,
Et l'on dirait que, du sol arrachée,
Ainsi qu'il chasse une feuille séchée,
Le vent la roule avec leur tourbillon!

Prophète! si ta main me sauve
De ces impurs démons des soirs,
J'irai prosterner mon front chauve
Devant tes sacrés encensoirs!
Fais que sur ces portes fidèles
Meure leur souffle d'étincelles,

Et qu'en vain l'ongle de leurs ailes
Grince et crie à ces vitraux noirs!

Ils sont passés! — Leur cohorte
S'envole et fuit, et leurs pieds
Cessent de battre ma porte
De leurs coups multipliés.
L'air est plein d'un bruit de chaînes,
Et, dans les forêts prochaines,
Frissonnent tous les grands chênes,
Sous leur vol de feu pliés!

De leurs ailes lointaines
Le battement décroit,
Si confus dans les plaines,
Si faible, que l'on croit
Ouïr la sauterelle
Crier d'une voix grêle
Ou petiller la grêle
Sur le plomb d'un vieux toit.

D'étranges syllabes
Nous viennent encor; —
Ainsi des Arabes
Quand sonne le cor,
Un chant sur la grève
Par instants s'élève,
Et l'enfant qui rêve
Fait des rêves d'or!

Les Djinns funèbres,
Fils du trépas,
Dans les ténèbres
Pressent leurs pas;
Leur essaim gronde :
Ainsi, profonde,
Murmure une onde
Qu'on ne voit pas.

Ce bruit vague
Qui s'endort,
C'est la vague
Sur le bord;
C'est la plainte
Presque éteinte
D'une sainte
Pour un mort.

On doute
La nuit...
J'écoute : —
Tout fuit,
Tout passe,
L'espace
Efface
Le bruit.

Août 1828.

XXIX

SULTAN ACHMET

Oh! permets, charmante fille,
Que j'enveloppe mon cou avec tes bras.
HAFIZ.

A Juana la Grenadine,
Qui toujours chante et badine,
Sultan Achmet dit un jour :

— Je donnerais sans retour
Mon royaume pour Médine,
Médine pour ton amour.

— Fais-toi chrétien, roi sublime!
Car il est illégitime,
Le plaisir qu'on a cherché
Aux bras d'un Turc débauché,
J'aurais peur de faire un crime :
C'est bien assez du péché.

— Par ces perles dont la chaîne
Rehausse, ô ma souveraine!
Ton cou blanc comme le lait,
Je ferai ce qu'il te plaît,
Si tu veux bien que je prenne
Ton collier pour chapelet.

Octobre 1828.

XXX

ROMANCE MAURESQUE

Dixô le : — dime, buen ombre,
Lo que preguntarte querra.
Romancero general.

Don Rodrigue est à la chasse,
Sans épée et sans cuirasse,
Un jour d'été, vers midi,
Sous la feuillée et sur l'herbe
Il s'assied, l'homme superbe,
Don Rodrigue le hardi.

La haine en feu le dévore,
Sombre, il pense au bâtard maure,
A son neveu Mudarra,
Dont ses complots sanguinaires
Jadis ont tué les frères,
Les sept infants de Lara.

Pour le trouver en campagne,
Il traverserait l'Espagne,
De Figuère à Setuval.
L'un des deux mourrait sans doute.
En ce moment sur la route
Il passe un homme à cheval.

— Chevalier, chrétien ou maure,
Qui dors sous le sycomore,
Dieu te guide par la main!
— Que Dieu répande ses grâces
Sur toi, l'écuyer, qui passes,
Qui passes par le chemin!

— Chevalier, chrétien ou maure,
Qui dors sous le sycomore,
Parmi l'herbe du vallon,
Dis ton nom afin qu'on sache
Si tu portes le panache
D'un vaillant ou d'un félon.

— Si c'est là ce qui t'intrigue,
On m'appelle don Rodrigue,
Don Rodrigue de Lara;
Dona Sanche est ma sœur même,
Du moins c'est à mon baptême
Ce qu'un prêtre déclara.

J'attends sous ce sycomore :
J'ai cherché d'Albe à Zamore
Ce Mudarra le bâtard,
Le fils de la renégate,
Qui commande une frégate
Du roi maure Aliatar.

Certe, à moins qu'il ne m'évite,
Je le reconnaîtrais vite :
Toujours il porte avec lui
Notre dague de famille ;
Une agate au pommeau brille,
Et la lame est sans étui.

Oui, par mon âme chrétienne,
D'une autre main que la mienne
Ce mécréant ne mourra.
C'est le bonheur que je brigue...
— On t'appelle don Rodrigue,
Don Rodrigue de Lara ?

Eh bien ! seigneur, le jeune homme
Qui te parle et qui te nomme,
C'est Mudarra le bâtard.
C'est le vengeur et le juge.
Cherche à présent un refuge !—
L'autre dit : — Tu viens bien tard !

— Moi, fils de la renégate,
Qui commande une frégate
Du roi maure Aliatar,
Moi, ma dague et ma vengeance ;
Tous les trois d'intelligence,
Nous voici ! — Tu viens bien tard !

— Trop tôt pour toi, don Rodrigue,
A moins qu'il ne te fatigue
De vivre... Ah ! la peur t'émeut,
Ton front pâlit ; rends, infâme,
A moi ta vie, et ton âme
A ton ange, s'il en veut !

Si mon poignard de Tolède
Et mon Dieu me sont en aide,
Regarde mes yeux ardents ;
Je suis ton seigneur, ton maître,
Et je t'arracherai, traître,
Le souffle d'entre les dents !

Le neveu de dona Sanche
Dans ton sang enfin étanche
La soif qui le dévora.
Mon oncle, il faut que tu meures.
Pour toi plus de jours ni d'heures !...
— Mon bon neveu Mudarra,

Un moment ! attends que j'aille
Chercher mon fer de bataille.
— Tu n'auras d'autres délais
Que celui qu'ont eu mes frères ;
Dans les caveaux funéraires
Où tu les a mis, suis-les !

Si, jusqu'à l'heure venue,
J'ai gardé ma lame nue,
C'est que je voulais, bourreau,
Que, vengeant la renégate,
Ma dague au pommeau d'agate
Eût ta gorge pour fourreau !

Mai 1828.

XXXI

GRENADE

Quien no ha visto á Sevilla
No ha visto á maravilla.

Soit lointaine, soit voisine,
Espagnole ou sarrasine,
Il n'est pas une cité
Qui dispute, sans folie,
A Grenade la jolie
La pomme de la beauté,
Et qui, gracieuse, étale
Plus de pompe orientale
Sous un ciel plus enchanté.

Cadix a les palmiers ; Murcie a les oranges ;
Jaën, son palais goth aux tourelles étranges ;
Agreda, son couvent bâti par saint Edmond ;
Ségovie a l'autel dont on baise les marches,
Et l'aqueduc aux trois rangs d'arches
Qui lui porte un torrent pris au sommet d'un mont.

Llers a des tours ; Barcelonne
Au faîte d'une colonne
Lève un phare sur la mer ;
Aux rois d'Aragon fidèle,
Dans leurs vieux tombeaux, Tudèle
Garde leur sceptre de fer ;
Tolose a des forges sombres
Qui semblent, au sein des ombres,
Des soupiraux de l'enfer.

Le poisson qui rouvrit l'œil mort du vieux Tobie
Se joue au fond du golfe où dort Fontarabie ;
Alicante aux clochers mêle les minarets ;
Compostelle a son saint ; Cordoue aux maisons vieilles
A sa mosquée où l'œil se perd dans les merveilles,
Madrid a le Manzanarès.

Bilbao, des flots couverte,
Jette une pelouse verte
Sur ses murs noirs et caducs ;
Medina la chevalière,
Cachant sa pauvreté fière
Sous le manteau de ses ducs,
N'a rien que ses sycomores,
Car ses beaux ponts sont aux Maures,
Aux Romains ses aqueducs.

Valence a les clochers de ses trois cents églises ;
L'austère Alcantara livre au souffle des brises
Les drapeaux turcs pendus en foule à ses piliers ;
Salamanque en riant s'assied sur trois collines,
S'endort au son des mandolines,
Et s'éveille en sursaut aux cris des écoliers.

Tortose est chère à saint Pierre,
Le marbre est comme la pierre
Dans la riche Puycerda ;
De sa bastille octogone
Tuy se vante, et Tarragone
De ses murs qu'un roi fonda ;
Le Douro coule à Zamore,
Tolède a l'alcazar maure,
Séville a la giralda.

Burgos de son chapitre étale la richesse ;
Peñaflor est marquise, et Girone est duchesse ;
Bivar est une nonne aux sévères atours ;
Toujours prête au combat, la sombre Pampelune,

Avant de s'endormir aux rayons de la lune,
  Ferme sa ceinture de tours.

    Toutes ces villes d'Espagne
    S'épandent dans la campagne
    Où hérissent la Sierra ;
    Toutes ont des citadelles
    Dont sous des mains infidèles
    Aucun beffroi ne vibra ;
    Toutes sur leurs cathédrales
    Ont des clochers en spirales ;
    Mais Grenade a l'Alhambra.

L'Alhambra ! l'Alhambra ! palais que les génies
Ont doré comme un rêve et rempli d'harmonies,
Forteresse aux créneaux festonnés et croulants,
Où l'on entend la nuit de magiques syllabes,
Quand la lune, à travers les mille arceaux arabes,
  Sème les murs de trèfles blancs !

    Grenade a plus de merveilles
    Que n'a de graines vermeilles
    Le beau fruit de ses vallons ;
    Grenade, la bien nommée,
    Lorsque la guerre enflammée
    Déroule ses pavillons,
    Cent fois plus terrible éclate
    Que la grenade écarlate
    Sur le front des bataillons.

Il n'est rien de plus beau ni de plus grand au monde ;
Soit qu'à Vivataubin Vivaconlud réponde,
Avec son clair tambour de clochettes orné ;
Soit que, se couronnant de feux comme un calife,
  L'éblouissant Généralife
Élève dans la nuit son faîte illuminé.

    Les clairons des Tours-Vermeilles
    Sonnent comme des abeilles
    Dont le vent chasse l'essaim ;
    Alcacava pour les fêtes
    A des cloches toujours prêtes
    A bourdonner dans son sein,
    Qui dans leurs tours africaines
    Vont éveiller les dulcaynes
    Du sonore Albaycin.

Grenade efface en tout ses rivales : Grenade
Chante plus mollement la molle sérénade,
Elle peint ses maisons de plus riches couleurs ;
Et l'on dit que les vents suspendent leurs haleines
Quand par un soir d'été Grenade dans ses plaines
  Répand ses femmes et ses fleurs.

    L'Arabie est son aïeule.
    Les Maures, pour elle seule,
    Aventuriers hasardeux,
    Jouaient l'Asie et l'Afrique,
    Mais Grenade est catholique,
    Grenade se raille d'eux ;
    Grenade la belle ville,
    Serait une autre Séville
    S'il en pouvait être deux.

        Avril 1828.

XXXII

LES BLUETS

    Si es verdad ó non, yo no o ne hy de ver,
    Pero non lo quiero en olvido poner.
        JOAN LORENZO SEGURA DE ASTORGA.

  Si cela est vrai ou non, je n'ai pas à le voir ici,
    mais je ne le veux pas mettre en oubli.

    Tandis que l'étoile inodore
    Que l'été mêle aux blonds épis
    Émaille de son bleu lapis
    Les sillons que la moisson dore,
    Avant que, de fleurs dépeuplés,
    Les champs aient subi les faucilles,
    Allez, allez, ô jeunes filles,
    Cueillir des bluets dans les blés !

    Entre les villes andalouses,
    Il n'en est pas qui sous le ciel
    S'étende mieux que Peñafiel
    Sur les gerbes et les pelouses ;
    Pas qui dans ses murs crénelés
    Lève de plus fières bastilles...
    Allez, allez, ô jeunes filles,
    Cueillir des bluets dans les blés !

    Il n'est pas de cité chrétienne,
    Pas de monastère à beffroi,
    Chez le saint-père et chez le roi,
    Où, vers la Saint-Ambroise, il vienne
    Plus de bons pèlerins hâlés,
    Portant bourdon, gourde et coquilles..
    Allez, allez, ô jeunes filles,
    Cueillir des bluets dans les blés !

    Dans nul pays, les jeunes femmes,
    Les soirs, lorsque l'on danse en rond,
    N'ont plus de roses sur le front,
    Et n'ont dans le cœur plus de flammes ;
    Jamais plus vifs et plus voilés
    Regards n'ont lui sous les mantilles...
    Allez, allez, ô jeunes filles,
    Cueillir des bluets dans les blés !

    La perle de l'Andalousie,
    Alice, était de Peñafiel,
    Alice, qu'en faisant son miel
    Pour fleur une abeille eût choisie.
    Ces jours, hélas ! sont envolés !
    On la citait dans les familles...
    Allez, allez, ô jeunes filles,
    Cueillir des bluets dans les blés !

    Un étranger vint dans la ville,
    Jeune et parlant avec dédain.
    Était-ce un Maure grenadin ?
    Un de Murcie ou de Séville ?
    Venait-il des bords désolés
    Où Tunis a ses escadrilles ?
    Allez, allez, ô jeunes filles,
    Cueillir des bluets dans les blés !

    On ne savait. — La pauvre Alice
    En fut aimée, et puis l'aima.
    Le doux vallon du Xarama

Allez, allez, ô jeunes filles,
Cueillir des bluets dans les blés!

De leur doux péché fut complice.
Le soir, sous les cieux étoilés,
Tous deux erraient par les charmilles...
Allez, allez, ô jeunes filles,
Cueillir des bluets dans les blés!

La ville était lointaine et sombre;
Et la lune, douce aux amours,
Se levant derrière les tours
Et les clochers perdus dans l'ombre,
Des édifices dentelés
Découpait en noir les aiguilles...
Allez, allez, ô jeunes filles,
Cueillir des bluets dans les blés!

Cependant, d'Alice jalouses,
En rêvant au bel étranger,
Sous l'arbre à soie et l'oranger
Dansaient les brunes Andalouses,
Les cors, aux guitares mêlés,
Animaient les joyeux quadrilles...

Allez, allez, ô jeunes filles,
Cueillir des bluets dans les blés!

L'oiseau dort dans le lit de mousse
Que déjà menace l'autour;
Ainsi dormait dans son amour
Alice confiante et douce.
Le jeune homme aux cheveux bouclés,
C'était don Juan, roi des Castilles...
Allez, allez, ô jeune filles,
Cueillir des bluets dans les blés!

Or c'est péril qu'aimer un prince.
Un jour, sur un noir palefroi
On la jeta de par le roi;
On l'arracha de la province;
Un cloître sur ses jours troublés
De par le roi ferma ses grilles...
Allez, allez, ô jeunes filles,
Cueillir des bluets dans les blés!

Avril 1828.

Morte, hélas ! et des bras d'une mère égarée
La mort aux froides mains la prit toute parée.
(Page 54.)

XXXIII

FANTOMES

*Luenga es su noche, y cerrados
Estan sus ojos pesados.
¡Idos, idos en paz, vientos alados!*

Longue est sa nuit, et fermés sont ses yeux lourds.
Allez, allez en paix, vents ailés !

I

Hélas ! que j'en ai vu mourir de jeunes filles !
C'est le destin. Il faut une proie au trépas.
Il faut que l'herbe tombe au tranchant des faucilles ;
Il faut que dans le bal les folâtres quadrilles
    Foulent des roses sous leurs pas.

Il faut que l'eau s'épuise à courir les vallées ;
Il faut que l'éclair brille, et brille peu d'instants ;
Il faut qu'avril jaloux brûle de ses gelées
Le beau pommier, trop fier de ses fleurs étoilées,
    Neige odorante du printemps.

Oui, c'est la vie. Après le jour, la nuit livide.
Après tout, le réveil, infernal ou divin.
Autour du grand banquet siége une foule avide ;
Mais bien des conviés laissent leur place vide,
    Et se lèvent avant la fin.

II

Que j'en ai vu mourir ! — l'une était rose et blanche,
L'autre semblait ouïr de célestes accords ;
L'autre, faible, appuyait d'un bras son front qui penche,
Et, comme en s'envolant l'oiseau courbe la branche,
    Son âme avait brisé son corps.

Une, pâle, égarée, en proie au noir délire,
Disait tout bas un nom dont nul ne se souvient,
Une s'évanouit, comme un chant sur la lyre;
Une autre en expirant avait le doux sourire
    D'un jeune ange qui s'en revient.

Toutes fragiles fleurs, sitôt mortes que nées!
Alcyons engloutis avec leurs nids flottants!
Colombes, que le ciel au monde avait données!
Qui, de grâce, et d'enfance, et d'amour couronnées,
    Comptaient leurs ans par les printemps!

Quoi, mortes! quoi, déjà sous la pierre couchées!
Quoi! tant d'êtres charmants sans regards et sans voix!
Tant de flambeaux éteints! tant de fleurs arrachées!... —
Oh! laissez-moi fouler les feuilles desséchées
    Et m'égarer au fond des bois!

Doux fantômes! c'est là, quand je rêve dans l'ombre,
Qu'ils viennent tour à tour m'entendre et me parler.
Un jour douteux me montre et me cache leur nombre;
A travers les rameaux et le feuillage sombre,
    Je vois leurs yeux étinceler.

Mon âme est une sœur pour ces ombres si belles.
La vie et le tombeau pour nous n'ont plus de loi.
Tantôt j'aide leurs pas, tantôt je prends leurs ailes.
Vision ineffable où je suis mort comme elles,
    Elles, vivantes comme moi!

Elles prêtent leur forme à toutes mes pensées,
Je les vois, je les vois! Elles me disent : Viens!
Puis autour d'un tombeau dansent entrelacées;
Puis s'en vont lentement, par degrés éclipsées:
    Alors je songe et me souviens...

III

Une surtout : — un ange, une jeune Espagnole! —
Blanches mains, sein gonflé de soupirs innocents,
Un œil noir, où luisaient des regards de créole,
Et ce charme inconnu, cette fraîche auréole
    Qui couronne un front de quinze ans!

Non, ce n'est point d'amour qu'elle est morte : pour elle,
L'amour n'avait encor ni plaisirs ni combats;
Rien ne faisait encor battre son cœur rebelle;
Quand tous en la voyant s'écriaient : Qu'elle est belle!
    Nul ne le lui disait tout bas.

Elle aimait trop le bal, c'est ce qui l'a tuée.
Le bal éblouissant! le bal délicieux!
Sa cendre encor frémit doucement remuée,
Quand, dans la nuit sereine, une blanche nuée
    Danse autour du croissant des cieux.

Elle aimait trop le bal. — Quand venait une fête,
Elle y pensait trois jours, trois nuits elle en rêvait;
Et femmes, musiciens, danseurs que rien n'arrête,
Venaient, dans son sommeil, troublant sa jeune tête,
    Rire et bruire à son chevet.

Puis c'étaient des bijoux, des colliers, des merveilles!
Des ceintures de moire aux ondoyants reflets;
Des tissus plus légers que des ailes d'abeilles;
Des festons, des rubans, à remplir des corbeilles;
    Des fleurs, à payer un palais!

La fête commencée, avec ses sœurs rieuses
Elle accourait, froissant l'éventail sous ses doigts,
Puis s'asseyait parmi les écharpes soyeuses,
Et son cœur éclatait en fanfares joyeuses,
    Avec l'orchestre aux mille voix.

C'était plaisir de voir danser la jeune fille!
Sa basquine agitait ses paillettes d'azur;
Ses grands yeux noirs brillaient sous la noire mantille :
Telle une double étoile au front des nuits scintille
    Sous les plis d'un nuage obscur.

Tout en elle était danse, et rire, et folle joie.
Enfant! — Nous l'admirions dans nos tristes loisirs!
Car ce n'est point au bal que le cœur se déploie :
La cendre y vole autour des tuniques de soie,
    L'ennui sombre autour des plaisirs.

Mais elle, par la valse ou la ronde emportée,
Volait, et revenait, et ne respirait pas,
Et s'enivrait des sons de la flûte vantée,
Des fleurs, des lustres d'or, de la fête enchantée,
    Du bruit des voix, du bruit des pas.

Quel bonheur de bondir, éperdue, en la foule,
De sentir par le bal ses sens multipliés,
Et de ne pas savoir si dans la nue on roule,
Si l'on chasse en fuyant la terre, ou si l'on foule
    Un flot tournoyant sous ses pieds!

Mais, hélas! il fallait, quand l'aube était venue,
Partir, attendre au seuil le manteau de satin.
C'est alors que souvent la danseuse ingénue
Sentit en frissonnant sur son épaule nue
    Glisser le souffle du matin.

Quels tristes lendemains laisse le bal folâtre!
Adieu, parure, et danse, et rires enfantins!
Aux chansons succédait la toux opiniâtre,
Au plaisir rose et frais la fièvre au teint bleuâtre,
    Aux yeux brillants les yeux éteints.

IV

Elle est morte. — A quinze ans, belle, heureuse, adorée!
Morte au sortir d'un bal qui nous mit tous en deuil,
Morte, hélas! et des bras d'une mère égarée
La mort aux froides mains la prit toute parée,
    Pour l'endormir dans le cercueil.

Pour danser d'autres bals elle était encor prête,
Tant la mort fut pressée à prendre un corps si beau!
Et ces roses d'un jour qui couronnaient sa tête,
Qui s'épanouissaient la veille en une fête,
    Se fanèrent dans un tombeau.

V

Sa pauvre mère! — hélas! de son sort ignorante,
Avoir mis tant d'amour sur ce frêle roseau,
Et si longtemps veillé son enfance souffrante,
Et passé tant de nuits à l'endormir pleurante
    Toute petite en son berceau!

A quoi bon? — Maintenant la jeune trépassée,
Sous le plomb du cercueil, livide, en proie au ver,
Dort; et si, dans la tombe où nous l'avons laissée,
Quelque fête des morts la réveille glacée,
    Par une belle nuit d'hiver,

Un spectre, au rire affreux, à sa morne toilette
Présidé au lieu de mère, et lui dit : Il est temps!

Et, glaçant d'un baiser sa lèvre violette,
Passe les doigts noueux de sa main de squelette
    Sous ses cheveux longs et flottants.

Puis, tremblante, il la mène à la danse fatale,
Au chœur aérien dans l'ombre voltigeant ;
Et sur l'horizon gris la lune est large et pâle,
Et l'arc-en-ciel des nuits teint d'un reflet d'opale
    Le nuage aux franges d'argent.

    VI

Vous toutes qu'à ses jeux le bal riant convie,
Pensez à l'Espagnole éteinte sans retour,
Jeunes filles ! Joyeuse, et d'une main ravie,
Elle allait moissonnant les roses de la vie,
    Beauté, plaisir, jeunesse, amour !

La pauvre enfant, de fête en fête promenée,
De ce bouquet charmant arrangeait les couleurs ;
Mais qu'elle a passé vite, hélas ! l'infortunée !
Ainsi qu'Ophélia par le fleuve entraînée,
    Elle est morte en cueillant des fleurs !

    Avril 1828.

XXXIV

A M. LOUIS BOULANGER.

MAZEPPA

Awai ! — Awai ! —
BYRON, *Mazeppa.*
En avant ! en avant !

I

Ainsi, quand Mazeppa, qui rugit et qui pleure,
A vu ses bras, ses pieds, ses flancs qu'un sabre effleure,
    Tous ses membres liés
Sur un fougueux cheval, nourri d'herbes marines,
Qui fume, et fait jaillir le feu de ses narines
    Et le feu de ses pieds ;

Quand il s'est dans ses nœuds roulé comme un reptile,
Qu'il a bien réjoui de sa rage inutile
    Ses bourreaux tout joyeux,
Et qu'il retombe enfin sur la croupe farouche,
La sueur sur le front, l'écume dans la bouche,
    Et du sang dans les yeux,

Un cri part, et soudain voilà que par la plaine
Et l'homme et le cheval, emportés, hors d'haleine,
    Sur les sables mouvants,
Seuls, emplissant de bruit un tourbillon de poudre,
Pareil au noir nuage où serpente la foudre,
    Volent avec les vents !

Ils vont. Dans les vallons comme un orage ils passent,
Comme ces ouragans qui dans les monts s'entassent,
    Comme un globe de feu ;

Puis déjà ne sont plus qu'un point noir dans la brume,
Puis s'effacent dans l'air comme un flocon d'écume
    Au vaste océan bleu.

Ils vont. L'espace est grand. Dans le désert immense,
Dans l'horizon sans fin qui toujours recommence,
    Ils se plongent tous deux.
Leur course comme un vol les emporte, et grands chênes,
Villes et tours, monts noirs liés en longues chaînes,
    Tout chancelle autour d'eux.

Et, si l'infortuné, dont la tête se brise,
Se débat, le cheval, qui devance la brise,
    D'un bond plus effrayé,
S'enfonce au désert vaste, aride, infranchissable,
Qui devant eux s'étend, avec ses plis de sable,
    Comme un manteau rayé.

Tout vacille et se peint de couleurs inconnues :
Il voit courir les bois, courir les larges nues,
    Le vieux donjon détruit,
Les monts dont un rayon baigne les intervalles ;
Il voit ; et des troupeaux de fumantes cavales
    Le suivent à grand bruit !

Et le ciel, où déjà les pas du soir s'allongent,
Avec ses océans de nuages où plongent
    Des nuages encor,
Et son soleil qui fend leurs vagues de sa proue,
Sur son front ébloui tourne comme une roue
    De marbre aux veines d'or !

Son œil s'égare et luit, sa chevelure traîne,
Sa tête pend ; son sang rougit la jaune arène,
    Les buissons épineux ;
Sur ses membres gonflés la corde se replie,
Et comme un long serpent resserre et multiplie
    Sa morsure et ses nœuds.

Le cheval, qui ne sent ni le mors ni la selle,
Toujours fuit, et toujours son sang coule et ruisselle,
    Sa chair tombe en lambeaux ;
Hélas ! voici déjà qu'aux cavales ardentes
Qui le suivaient, dressant leurs crinières pendantes,
    Succèdent les corbeaux !

Les corbeaux, le grand duc à l'œil rond, qui s'effraie,
L'aigle effaré des champs de bataille, et l'orfraie,
    Monstre au jour inconnu,
Les obliques hiboux, et le grand vautour fauve,
Qui fouille au flanc des morts, où son cou rouge et chauve
    Plonge comme un bras nu !

Tous viennent élargir la funèbre volée ;
Tous quittent pour le suivre et l'yeuse isolée,
    Et les nids du manoir.
Lui, sanglant, éperdu, sourd à leurs cris de joie,
Demande en les voyant : Qui donc là-haut déploie
    Ce grand éventail noir ?

La nuit descend lugubre, et sans robe étoilée.
L'essaim s'acharne, et suit, tel qu'une meute ailée,
    Le voyageur fumant.
Entre le ciel et lui, comme un tourbillon sombre,
Il les voit, puis les perd, et les entend dans l'ombre
    Voler confusément.

Enfin, après trois jours d'une course insensée,
Après avoir franchi fleuves à l'eau glacée,
    Steppes, forêts, déserts,

Le cheval tombe aux cris des mille oiseaux de proie,
Et son ongle de fer sur la pierre qu'il broie
    Eteint ses quatre éclairs.

Voilà l'infortuné, gisant, nu, misérable,
Tout tacheté de sang, plus rouge que l'érable
    Dans la saison des fleurs.
Le nuage d'oiseaux sur lui tourne et s'arrête;
Maint bec ardent aspire à ronger dans sa tête
    Ses yeux brûlés de pleurs.

Eh bien! ce condamné qui hurle et qui se traîne,
Ce cadavre vivant, les tribus de l'Ukraine
    Le feront prince un jour.
Un jour, semant les champs de morts sans sépultures,
Il dédommagera par de larges pâtures
    L'orfraie et le vautour.

Sa sauvage grandeur naîtra de son supplice.
Un jour, des vieux hetmans il ceindra la pelisse,
    Grand à l'œil ébloui;
Et, quand il passera, ces peuples de la tente,
Prosternés, enverront la fanfare éclatante
    Bondir autour de lui!

        II

Ainsi, lorsqu'un mortel, sur qui son dieu s'étale,
S'est vu lier vivant sur ta croupe fatale,
    Génie, ardent coursier,
En vain il lutte, hélas! tu bondis, tu l'emportes,
Hors du monde réel, dont tu brises les portes
    Avec tes pieds d'acier!

Tu franchis avec lui déserts, cimes chenues
Des vieux monts, et les mers, et, par-delà les nues,
    De sombres régions;
Et mille impurs esprits que ta course réveille
Autour du voyageur, insolente merveille,
    Pressent leurs légions!

Il traverse d'un vol, sur tes ailes de flamme,
Tous les champs du possible, et les mondes de l'âme;
    Boit au fleuve éternel;
Dans la nuit orageuse ou la nuit étoilée,
Sa chevelure, aux crins des comètes mêlée,
    Flamboie au front du ciel.

Les six lunes d'Herschel, l'anneau du vieux Saturne,
Le pôle, arrondissant une aurore nocturne
    Sur son front boréal,
Il voit tout; et pour lui ton vol, que rien ne lasse,
De ce monde sans borne à chaque instant déplace
    L'horizon idéal.

Qui peut savoir, hormis les démons et les anges,
Ce qu'il souffre à te suivre, et quels éclairs étranges
    A ses yeux reluiront,
Comme il sera brûlé d'ardentes étincelles,
Hélas! et dans la nuit combien de froides ailes
    Viendront battre son front?

Il crie épouvanté, tu poursuis implacable.
Pâle, épuisé, béant, sous ton vol qui l'accable
    Il ploie avec effroi;
Chaque pas que tu fais semble creuser sa tombe.
Enfin le terme arrive... il court, il vole, il tombe,
    Et se relève roi!

    Mai 1828.

XXXV

LE DANUBE EN COLÈRE

Admonet, et magna testatur voce per umbras.
VIRGILE.

—

Belgrade et Semlin sont en guerre.
Dans son lit, paisible naguère,
Le vieillard Danube leur père
S'éveille au bruit de leur canon.
Il doute s'il rêve, il tressaille,
Puis entend gronder la bataille,
Et frappe dans ses mains d'écaille,
Et les appelle par leur nom.

« Allons! la turque et la chrétienne!
« Semlin! Belgrade! qu'avez-vous?
« On ne peut, le ciel me soutienne!
« Dormir un instant sans que vienne
« Vous éveiller d'un bruit jaloux
« Belgrade ou Semlin en courroux!

« Hiver, été, printemps, automne,
« Toujours votre canon qui tonne!
« Bercé du courant monotone,
« Je sommeillais dans mes roseaux;
« Et, comme des louves marines
« Jettent l'onde de leurs narines,
« Voilà vos longues couleuvrines
« Qui soufflent du feu sur mes eaux!

« Ce sont des sorcières oisives,
« Qui vous mirent, pour rire un jour,
« Face à face sur mes deux rives,
« Comme au même plat deux convives,
« Comme au front de la même tour
« Une ère d'aigle, un nid d'autour.

« Quoi! ne pouvez-vous vivre ensemble,
« Mes filles! faut-il que je tremble
« Du destin qui ne vous rassemble
« Que pour vous haïr de plus près,
« Quand vous pourriez, sœurs pacifiques,
« Mirer dans mes eaux magnifiques,
« Semlin, tes noirs clochers gothiques,
« Belgrade, tes blancs minarets?

« Mon flot, qui dans l'Océan tombe,
« Vous sépare en vain, large et clair;
« Du haut du château qui surplombe
« Vous vous unissez, et la bombe,
« Entre vous courbant son éclair,
« Vous trace un pont de feu dans l'air.

« Trêve! taisez-vous, les deux villes!
« Je m'ennuie aux guerres civiles.
« Nous sommes vieux, soyons tranquilles.
« Dormons à l'ombre des bouleaux.
« Trêve à ces débats de familles!
« Eh! sans le bruit de vos bastilles,
« N'ai-je donc point assez, mes filles,
« De l'assourdissement des flots?

« Une croix, un croissant fragile,
« Changent en enfer ce beau lieu.

« Vous échangez la bombe agile
« Pour le Koran et l'Evangile?
« C'est perdre le bruit et le feu :
« Je le sais, moi qui fus un dieu !

« Vos dieux m'ont chassé de leur sphère
« Et dégradé, c'est leur affaire !
« L'ombre est le bien que je préfère,
« Pourvu qu'ils gardent leurs palais,
« Et ne viennent pas sur mes plages
« Déraciner mes verts feuillages,
« Et m'écraser mes coquillages
« Sous leurs bombes et leurs boulets !

« De leurs abominables cultes
« Ces inventions sont le fruit.
« De mon temps point de ces tumultes.
« Si la pierre des catapultes
« Battait les cités jour et nuit,
« C'était sans fumée et sans bruit.

« Voyez Ulm, votre sœur jumelle :
« Tenez-vous en repos comme elle.
« Que le fil des rois se démêle,
« Tournez vos fuseaux, et riez.
« Voyez Bude, votre voisine;
« Voyez Dristra la sarrasine !
« Que dirait l'Etna si Messine
« Faisait tout ce bruit à ses pieds?

« Semlin est la plus querelleuse :
« Elle a toujours les premiers torts.
« Croyez-vous que mon eau houleuse,
« Suivant sa pente rocailleuse,
« N'ait rien à faire entre ses bords
« Qu'à porter à l'Euxin vos morts?

« Vos mortiers ont tant de fumée,
« Qu'il fait nuit dans ma grotte aimée,
« D'éclats d'obus toujours semée !
« Du jour j'ai perdu le tableau;
« Le soir, la vapeur de leur bouche
« Me couvre d'une ombre farouche,
« Quand je cherche à voir de ma couche
« Les étoiles à travers l'eau.

« Sœurs, à vous cribler de blessures
« Espérez-vous un grand renom?
« Vos palais deviendront masures.
« Ah ! qu'en vos noires embrasures
« La guerre se taise, ou sinon
« J'éteindrai, moi, votre canon.

« Car je suis le Danube immense.
« Malheur à vous si je commence !
« Je vous souffre ici par clémence.
« Si je voulais, de leur prison,
« Mes flots, lâchés dans les campagnes,
« Emportant vous et vos compagnes,
« Comme une chaîne de montagnes
« Se lèveraient à l'horizon ! »

Certe, on peut parler de la sorte
Quand c'est au canon qu'on répond;
Quand des rois on baigne la porte,
Lorsqu'on est Danube et qu'on porte,
Comme l'Euxin et l'Hellespont,
De grands vaisseaux au triple pont;

Lorsqu'on ronge cent ponts de pierres,
Qu'on traverse les huit Bavières.

Qu'on reçoit soixante rivières
Et qu'on les dévore en fuyant;
Qu'on a, comme une mer, sa houle;
Quand sur le globe on se déroule
Comme un serpent, et quand on coule
De l'Occident à l'Orient !

Juin 1828.

XXXVI

RÊVERIE

Lo giorno se n' andava, e l' aer bruno
Toglieva gli animai che sono 'n terra
Dalle fatiche loro.
Dante.

Oh ! laissez-moi ! c'est l'heure où l'horizon qui fume
Cache un front inégal sous un cercle de brume ;
L'heure où l'astre géant rougit et disparaît.
Le grand bois jaunissant dore seul la colline :
On dirait qu'en ces jours où l'automne décline,
Le soleil et la pluie ont rouillé la forêt.

Oh ! qui fera surgir soudain, qui fera naître,
Là-bas, — tandis que seul je rêve à la fenêtre,
Et que l'ombre s'amasse au fond du corridor, —
Quelque ville mauresque, éclatante, inouïe,
Qui, comme la fusée en gerbe épanouie,
Déchire ce brouillard avec ses flèches d'or !

Qu'elle vienne inspirer, ranimer, ô génies !
Mes chansons, comme un ciel d'automne rembrunies,
Et jeter dans mes yeux son magique reflet,
Et longtemps, s'éteignant en rumeurs étouffées,
Avec les mille tours de ses palais de fées,
Brumeuse, denteler l'horizon violet !

Septembre 1828.

XXXVII

EXTASE

Et j'entendis une grande voix.
Apocalypse.

J'étais seul près des flots, par une nuit d'étoiles.
Pas un nuage aux cieux, sur les mers pas de voiles.
Mes yeux plongeaient plus loin que le monde réel.
Et les bois, et les monts, et toute la nature,
Semblaient interroger dans un confus murmure
  Les flots des mers, les feux du ciel.

Et les étoiles d'or, légions infinies,
A voix haute, à voix basse, avec mille harmonies,

Disaient, en inclinant leurs couronnes de feu;
Et les flots bleus, que rien ne gouverne et n'arrête,
Disaient, en recourbant l'écume de leur crête :
— C'est le Seigneur, le Seigneur Dieu!

Novembre 1828.

XXXVIII

LE POËTE AU CALIFE

> Tous les habitants de la terre sont devant lui comme un néant; il fait tout ce qui lui plaît; et nul ne peut résister à sa main puissante, ni lui dire : Pourquoi avez-vous fait ainsi?
> DANIEL.

O sultan Noureddin, calife aimé de Dieu!
Tu gouvernes, seigneur, l'empire du milieu,
 De la mer Rouge au fleuve Jaune.
Les rois des nations, vers ta face tournés,
Pavent, silencieux, de leurs fronts prosternés,
 Le chemin qui mène à ton trône.

Ton serail est très-grand, tes jardins sont très-beaux,
Tes femmes ont des yeux vifs comme des flambeaux,
 Qui pour toi seul percent leurs voiles.
Lorsque, astre impérial, aux peuples pleins d'effroi
Tu luis, tes trois cents fils brillent autour de toi
 Comme ton cortège d'étoiles.

Ton front porte une aigrette et ceint le turban vert.
Tu peux voir folâtrer dans leur bain entr'ouvert,
 Sous la fenêtre où tu te penches,
Les femmes de Madras plus douces qu'un parfum,
Et les filles d'Alep qui sur leur beau sein brun
 Ont des colliers de perles blanches.

Ton sabre large et nu semble en ta main grandir.
Toujours dans la bataille on le voit resplendir,
 Sans trouver turban qui le rompe,
Au point où la mêlée a de plus noirs détours,
Où les grands éléphants, entre-choquant leurs tours,
 Prennent des chevaux dans leur trompe.

Une fée est cachée en tout ce que tu vois.
Quand tu parles, calife, on dirait que ta voix
 Descend d'un autre monde au nôtre;
Dieu lui-même t'admire, et de félicités
Emplit la coupe d'or que tes jours enchantés,
 Joyeux, se passent l'un à l'autre.

Mais souvent dans ton cœur, radieux Noureddin,
Une triste pensée apparaît, et soudain
 Glace ta grandeur taciturne :
Telle en plein jour, parfois, sous un soleil de feu,
La lune, astre des morts, blanche au fond d'un ciel bleu,
 Montre à demi son front nocturne.

Octobre 1828.

XXXIX

BOUNABERDI

> Grand comme le monde.

Souvent Bounaberdi, sultan des Francs d'Europe,
Que, comme un noir manteau, le Semoun enveloppe,
Monte, géant lui-même, au front d'un mont géant,
D'où son regard, errant sur le sable et sur l'onde,
Embrasse d'un coup d'œil les deux moitiés du monde,
 Gisantes à ses pieds dans l'abîme béant.

Il est seul et debout sur ce sublime faîte.
A sa droite couché, le désert qui le fête
D'un nuage de poudre importune ses yeux;
A sa gauche, la mer, dont jadis il fut l'hôte,
Elève jusqu'à lui sa voix profonde et haute,
Comme aux pieds de son maître aboie un chien joyeux.

Et le vieil empereur, que tour à tour réveille
Ce nuage à ses yeux, ce bruit à son oreille,
Rêve, et, comme à l'amante on voit songer l'amant,
Croit que c'est une armée, invisible et sans nombre,
Qui fait cette poussière et ce bruit pour son ombre,
 Et sous l'horizon gris passe éternellement!

PRIÈRE.

Oh! quand tu reviendras rêver sur la montagne,
Bounaberdi! regarde un peu dans la campagne
Ma tente qui blanchit dans les sables grondants,
Car je suis libre et pauvre, un Arabe du Caire,
Et quand j'ai dit : Allah! mon bon cheval de guerre
Vole, et sous sa paupière a deux charbons ardents!

Novembre 1828.

XL

LUI

> J'étais géant alors, et haut de cent coudées.
> BUONAPARTE.

I

Toujours lui! lui partout! — ou brûlante ou glacée,
Son image sans cesse ébranle ma pensée.
Il verse à mon esprit le souffle créateur.
Je tremble, et dans ma bouche abondent les paroles
Quand son nom gigantesque, entouré d'auréoles,
Se dresse dans mon vers de toute sa hauteur.

Là, je le vois, guidant l'obus aux bonds rapides;
Là, massacrant le peuple au nom des régicides;
Là, soldat, aux tribuns arrachant leurs pouvoirs;

Là, consul jeune et fier, amaigri par les veilles
Que des rêves d'empire emplissaient de merveilles,
    Pâle sous ses longs cheveux noirs.

Puis, empereur puissant, dont la tête s'incline,
Gouvernant un combat du haut de la colline,
Promettant une étoile à ses soldats joyeux,
Faisant signe aux canons qui vomissent les flammes,
De son âme à la guerre armant six cent mille âmes,
Grave et serein, avec un éclair dans les yeux.

Puis, pauvre prisonnier qu'on raille et qu'on tourmente,
Croisant ses bras oisifs sur son sein qui fermente,
En proie aux geôliers vils comme un vil criminel,
Vaincu, chauve, courbant son front noir de nuages,
Promenant sur un roc où passent les orages
    Sa pensée, orage éternel.

Qu'il est grand, là surtout! quand, puissance brisée,
Des porte-clefs anglais misérable risée,
Au sacre du malheur il retrempe ses droits;
Tient au bruit de ses pas deux mondes en haleine,
Et mourant de l'exil, gêné dans Sainte-Hélène,
Manque d'air dans la cage où l'exposent les rois!

Qu'il est grand à cette heure où, prêt à voir Dieu même,
Son œil qui s'éteint roule une larme suprême!
Il évoque à sa mort sa vieille armée en deuil,
Se plaint à ses guerriers d'expirer solitaire,
Et, prenant pour linceul son manteau militaire,
    Du lit de camp passe au cercueil!

II

A Rome, où du sénat hérite le conclave,
A l'Elbe, aux monts blanchis de neige ou noirs de lave,
Au menaçant Kremlin, à l'Alhambra riant,
Il est partout! — Au Nil je le retrouve encore.
L'Egypte resplendit des feux de son aurore;
Son astre impérial se lève à l'Orient.

Vainqueur, enthousiaste, éclatant des prestiges,
Prodige, il étonna la terre des prodiges.
Les vieux scheiks vénéraient l'émir jeune et prudent;
Le peuple redoutait ses armes inouïes;
Sublime, il apparut aux tribus éblouies
    Comme un Mahomet d'Occident.

Leur féerie a déjà réclamé son histoire.
La tente de l'Arabe est pleine de sa gloire.
Tout Bédouin libre était son hardi compagnon,
Les petits enfants, l'œil tourné vers nos rivages,
Sur un tambour français règlent leurs pas sauvages,
Et les ardents chevaux hennissent à son nom.

Parfois il vient, porté sur l'ouragan numide,
Prenant pour piédestal la grande pyramide,
Contempler les déserts, sablonneux océans;
Là, son ombre, éveillant le sépulcre sonore,
Comme pour la bataille y ressuscite encore
    Les quarante siècles géants

Il dit : Debout! soudain chaque siècle se lève,
Ceux-ci portant le sceptre et ceux-là ceints du glaive,
Satrapes, pharaons, mages, peuple glacé.
Immobiles, poudreux, muets, sa voix les compte;
Tous semblent, adorant son front qui les surmonte,
Faire à ce roi des temps une cour du passé.

Ainsi tout, sous les pas de l'homme ineffaçable,
Tout devient monument; il passe sur le sable.
Mais qu'importe qu'Assur de ses flots soit couvert,
Que l'Aquilon sans cesse y fatigue son aile?
Son pied colossal laisse une trace éternelle
    Sur le front mouvant du désert.

III

Histoire, poésie, il joint du pied vos cimes.
Eperdu, je ne puis dans ces mondes sublimes
Remuer rien de grand sans toucher à son nom ;
Oui, quand tu m'apparais, pour le culte ou le blâme,
Les chants volent pressés sur mes lèvres de flamme,
Napoléon! soleil dont je suis le Memnon!

Tu domines notre âge; ange ou démon, qu'importe!
Ton aigle dans son vol, haletants nous emporte.
L'œil même qui te fuit te retrouve partout;
Toujours dans nos tableaux tu jettes ta grande ombre;
Toujours Napoléon, éblouissant et sombre,
    Sur le seuil du siècle est debout.

Ainsi, quand du Vésuve explorant le domaine,
De Naple à Portici l'étranger se promène,
Lorsqu'il trouble, rêveur, de ses pas importuns,
Ischia de ses fleurs embaumant l'onde heureuse
Dont le bruit, comme un chant de sultane amoureuse,
Semble une voix qui vole au milieu des parfums;

Qu'il hante de Pœstum l'auguste colonnade;
Qu'il écoute à Pouzzol la vive sérénade
Chantant la tarentelle au pied d'un mur toscan;
Qu'il éveille en passant cette cité momie,
Pompéi, corps gisant d'une ville endormie,
    Saisie un jour par le volcan;

Qu'il erre au Pausilippe avec la barque agile
D'où le brun marinier chante Tasse à Virgile ;
Toujours, sous l'arbre vert, sur les lits de gazon,
Toujours il voit, du sein des mers ou des prairies,
Du haut des caps, du bord des presqu'îles fleuries,
Toujours le noir géant qui fume à l'horizon!

    Décembre 1827.

XLI

NOVEMBRE

Je lui dis : La rose du jardin, comme tu sais, dure peu;
et la saison des roses est bien vite écoulée.
    Sadi.

Quand l'Automne, abrégeant les jours qu'elle dévore,
Eteint leurs soirs de flamme et glace leur aurore;
Quand Novembre de brume inonde le ciel bleu,
Que le bois tourbillonne et qu'il neige des feuilles,
O ma muse! en mon âme alors tu te recueilles,
Comme un enfant transi qui s'approche du feu.

Le cheval tombe aux cris de mille oiseaux de proie.
(Page 56.)

Devant le sombre hiver de Paris qui bourdonne,
Ton soleil d'orient s'éclipse et t'abandonne,
Ton beau rêve d'Asie avorte, et tu ne vois,
Sous tes yeux que la rue au bruit accoutumée,
Brouillard à ta fenêtre, et longs flots de fumée,
Qui baignent en fuyant l'angle noirci des toits.

Alors s'en vont en foule et sultans et sultanes,
Pyramides, palmiers, galères capitanes,
Et le tigre vorace et le chameau frugal,
Djinns au vol furieux, danses des bayadères,
L'Arabe qui se penche au cou des dromadaires,
Et la fauve girafe au galop inégal.

Alors, éléphants blancs chargés de femmes brunes,
Cités au dômes d'or où les mois sont des lunes,
Imans de Mahomet, mages, prêtres de Bel,
Tout fuit, tout disparaît : — plus de minaret maure,
Plus de sérail fleuri, plus d'ardente Gomorrhe
Qui jette un reflet rouge au front noir de Babel.

C'est Paris, c'est l'hiver. — A ta chanson confuse,
Odalisques, émirs, pachas, tout se refuse.
Dans ce vaste Paris le klephte est à l'étroit;
Le Nil déborderait; les roses du Bengale
Frissonnent dans ces champs où se tait la cigale;
A ce soleil brumeux les Péris auraient froid.

Pleurant ton Orient, alors, muse ingénue,
Tu viens à moi, honteuse, et seule, et presque nue.
— N'as-tu pas, me dis-tu, dans ton cœur jeune encor
Quelque chose à chanter, ami? car je m'ennuie
A voir ta blanche vitre où ruisselle la pluie,
Moi qui dans mes vitraux avais un soleil d'or?

Puis, tu prends mes deux mains dans tes mains diaphanes:
Et nous nous asseyons, et loin des yeux profanes,
Entre mes souvenirs je t'offre les plus doux,
Mon jeune âge, et ses jeux, et l'école mutine,
Et les serments sans fin de la vierge enfantine,
Aujourd'hui mère heureuse aux bras d'un autre époux.

LES ORIENTALES.

Mais souvent dans ton cœur, radieux Noureddin,
Une triste pensée apparaît, et soudain...
(Page 58.)

Je te raconte aussi comment, aux Feuillantines,
Jadis tintaient pour moi les cloches argentines,
Comment jeune et sauvage, errait ma liberté,
Et qu'à dix ans, parfois, resté seul à la brune,
Rêveur, mes yeux cherchaient les deux yeux de la lune,
Comme la fleur qui s'ouvre aux tièdes nuits d'été.

Puis tu me vois du pied pressant l'escarpolette
Qui d'un vieux marronnier fait crier le squelette,
Et vole, de ma mère éternelle terreur !
Puis je te dis les noms de mes amis d'Espagne,

Madrid, et son collége où l'ennui t'accompagne,
Et nos combats d'enfants pour le grand empereur !

Puis encor mon bon père, ou quelque jeune fille
Morte à quinze ans, à l'âge où l'œil s'allume et brille.
Mais surtout tu te plais aux premières amours,
Frais papillon dont l'aile, en fuyant rajeunie,
Sous le doigt qui la fixe est si vite ternie,
Essaim doré qui n'a qu'un jour dans tous nos jours.

Novembre 1828.

FIN DES ORIENTALES.

NOTES

LES TÊTES DU SÉRAIL.
I
Page 10.

Oui, Canaris, tu vois le sérail et ma tête
Arrachée au cercueil pour orner cette fête.

Le tombeau de Marcos Botzaris, le Léonidas de la Grèce moderne, était à Missolonghi. On dit que les Turcs l'ouvrirent, afin d'envoyer le crâne du héros au sultan.

Au reste, ce tombeau sera réédifié par une main française. Nous avons vu dans l'atelier de notre grand statuaire David une statue de marbre blanc destinée au mausolée de Marc Botzaris. C'est une jeune fille à demi couchée sur la pierre du sépulcre, et qui épèle avec son doigt cette grande épitaphe : BOTZARIS. Il est difficile de rien voir de plus beau que cette statue. C'est tout à la fois du grandiose comme Phidias et de la chair comme Puget.

Ainsi que plusieurs autres hommes remarquables du temps, peintres, musiciens, poëtes, monsieur David est aussi, lui, à la tête d'une révolution dans son art. De toutes parts l'œuvre s'accomplit.

II
Page 11.

Et cet enfant des monts, notre ami, notre émule,
Mayer, qui rapportait aux fils de Trasybule
La flèche de Guillaume Tell.

Volontaire suisse, rédacteur de la *Chronique hellénique*, mort à Missolonghi.

III
Page 11.

O mes frères, Joseph, évêque, vous salue.

Joseph, évêque de Rogous, mort à Missolonghi comme un prêtre et comme un soldat.

LA DOULEUR DU PACHA.
IV
Page 15.

Lui font-ils voir en rêve, aux bornes de la terre,
L'ange Azraël, debout, sur le pont de l'enfer !

Azraël, ange turc des tombeaux.

LA CAPTIVE
V
Page 18.

Bien loin de ces Sodomes, etc.

Voyez les *Mémoires d'Ibrahim-Manzour Effendi* sur le double sérail d'Ali-Pacha. C'est une mode turque.

CLAIR DE LUNE.
VI
Page 18.

Est-ce un djinn qui là-haut siffle d'une voix grêle,
Et jette dans la mer les créneaux de la tour?

Djinn, génie, esprit de la nuit. Voyez dans ce recueil les *Djinns*.

LE DERVICHE.
VII
Page 20.

Dieu te garde un carcan de fer
Sous l'arbre du segjin, chargé d'âmes impies.

Le *segjin*, septième cercle de l'enfer turc. Toute lumière y est obstruée par l'ombre d'un arbre immense.

MARCHE TURQUE.
VIII
Page 21.

Tel est, comparadjis, spahis, timariots,
Le vrai guerrier croyant...

Comparadjis, bombardiers; *spahis*, cavaliers qui ont des espèces de fiefs et doivent au sultan un certain nombre d'années de service militaire; *timariots*, cavalerie composée de recrues, qui n'a ni uniforme ni discipline, et ne sert qu'en temps de guerre.

LA BATAILLE PERDUE.
IX
Page 21.

Cette pièce est une inspiration de l'admirable romance espagnole, *Rodrigo en el campo de batalla*, que nous reproduisons ici, traduite littéralement comme elle a paru en 1821, dans un extrait du *Romancero general*, publié pour la première fois en français par Abel Hugo, frère de l'auteur de ce livre.

RODRIGUE SUR LE CHAMP DE BATAILLE.

« C'était le huitième jour de la bataille : l'armée de Rodrigue, découragée, fuyait devant les ennemis vainqueurs.

« Rodrigue quitte son camp, sort de sa tente royale, seul, sans personne qui l'accompagne.

« Son cheval, fatigué, pouvait à peine marcher. Il s'avance au hasard, sans suivre aucune route.

« Presque évanoui de fatigue, dévoré par la faim et par la soif, le malheureux roi allait, si couvert de sang, qu'il en paraissait rouge comme un charbon ardent

« Ses armes sont faussées par les pierres qui les ont frappées; le tranchant de son épée est dentelé comme une scie; son casque, déformé, s'enfonce sur sa tête enflée par la douleur.

« Il monte sur la plus haute colline; et de là il voit son armée détruite et débandée, ses étendards jetés sur la poussière; aucun chef ne se montre au loin; la terre est couverte de sang qui coule par ruisseaux. Il pleure et il dit :

« Hier, j'étais roi de toute l'Espagne, aujourd'hui je ne « le suis pas d'une seule ville. Hier, j'avais des villes et « des châteaux, je n'en ai aucuns aujourd'hui. Hier, j'avais « des courtisans et des serviteurs, aujourd'hui je suis seul, « je ne possède même pas une tour à créneaux! Malheu-« reuse l'heure, malheureux le jour où je suis né, et où « j'héritai de ce grand empire, que je devais perdre en un « jour. »

On voit du reste que les emprunts de l'auteur de ce recueil, et c'est un tort sans doute, se bornent à quelques détails reproduits dans cette strophe :

Hier j'avais des châteaux ; j'avais de belles villes ;
Des Grecques par milliers à vendre aux juifs serviles.
J'avais de grands harems et de grands arsenaux.
Aujourd'hui, dépouillé, vaincu, proscrit, funeste,
Je fuis... de mon empire, hélas ! rien ne me reste,
Allah ! je n'ai plus même une tour à créneaux !

Monsieur Emile Deschamps, qui nous a fourni l'épigraphe de cette pièce, a dit dans sa belle traduction de cette belle romance :

Hier, j'avais douze armées,
Vingt forteresses fermées,
Trente ports, trente arsenaux,...
Aujourd'hui pas une obole,
Pas une lance espagnole,
Pas une tour à créneaux!

La rencontre était inévitable. Au reste, monsieur Emile Deschamps est seul en droit de dire qu'il s'est *inspiré* de l'original espagnol, parce qu'en effet, indépendamment de la fidélité à tous les détails importants, il y a dans son œuvre inspiration et création. Il s'est emparé de la romance gothe, l'a réformée, l'a refondue et l'a jetée dans notre vers français, plus riche, plus variée dans ses formes, plus large et en quelque sorte reciselée. Son *Rodrigue pendant la bataille* n'est pas la moindre parure de son beau recueil.

L'ENFANT.

X

Page 22.

Où le fruit du tuba, de cet arbre si grand
Qu'un cheval au galop met toujours en courant
Cent ans à sortir de son ombre.

Voyez le Koran pour l'arbre tuba comme pour l'arbre du segjin. Le paradis des Turcs, comme leur enfer, a son arbre.

NOURMAHAL LA ROUSSE.

XI

Page 28.

Nourmahal est un mot arabe qui veut dire *lumière de la maison*. Il ne faut pas oublier que les cheveux roux sont une beauté pour certains peuples de l'Orient.

Quoique cette pièce ne soit empruntée à aucun texte oriental, nous croyons que c'est ici le lieu de citer quelques extraits absolument inédits de poëmes orientaux qui nous paraissent à un haut degré remarquables et curieux. La lecture de ces citations accoutumera peut-être le lecteur à ce qu'il peut y avoir d'étrange dans quelques-unes des pièces qui composent ce volume. Nous devons la communication de ces fragments, publiés ici pour la première fois, à un jeune écrivain de savoir et d'imagination, monsieur Ernest Fouinet, qui peut mettre une érudition d'orientaliste au service de son talent de poëte. Nous conservons scrupuleusement sa traduction; elle est littérale, et par conséquent, selon nous, excellente.

LA CHAMELLE.

« La chamelle s'avance dans les sables de Thamed.

« Elle est solide comme les planches d'un cercueil, quand je la pousse sur un sentier frayé, comme un manteau couvert de raies.

« Elle dépasse les plus rapides, et rapidement son pied de derrière chasse son pied de devant.

« Elle obéit à la voix de son conducteur, et de sa queue épaisse elle repousse les caresses violentes du chameau au poil roux.

« D'une queue qui semble une paire d'ailes d'aigle que l'on aurait attachées à l'os avec une alêne;

« D'une queue qui tantôt frappe le voyageur, tantôt une mamelle aride, tombante, ridée comme une outre.

« Ses cuisses sont d'une chair compacte, pleine, et ressemblent aux portes élevées d'un château fort.

« Les vertèbres de son dos sont souples; ses côtes ressemblent à des arcs solides.

« Ses jambes courbées se séparent quand elle court, comme les deux seaux que porte un homme du puits à sa tente.

« Les traces des cordes sur ses flancs semblent les étangs desséchés et remplis de cailloux épars sur la terre aride.

« Son crâne est dur comme l'enclume : celui qui le touche croit toucher une lime.

« Sa joue est blanche comme du papier de Damas, ses lèvres noirâtres comme du cuir d'Yémen, dont les courroies ne se rident point.

« Enfin elle ressemble à un aqueduc dont le constructeur grec a couvert de tuiles le sommet. »

Ce morceau fait partie de la *Moallakat* de Tarafa.

Tous les sept ans, avant l'islamisme, les poëtes de l'Arabie concouraient en poésie, à une foire célèbre, dans un lieu nommé Occad. La cassideh (chant) qui avait été jugée la meilleure obtenait l'honneur d'être *suspendue* aux murailles du temple de la Mecque : on a conservé sept de ces poëmes ainsi couronnés. *Moallakat* veut dire suspendue.

LA CAVALE.

« La cavale qui m'emporte dans le tumulte a les pieds longs, les crins épars, blanchâtres, se déployant sur son front.

« Son ongle est comme l'écuelle dans laquelle on donne à manger à un enfant. Il contient une chair compacte et ferme.

« Ses talons sont parfaits, tant les tendons sont délicats.

« Sa croupe est comme la pierre du torrent qu'a polie le cours d'une eau rapide (1).

« Sa queue est comme le vêtement traînant de l'épouse... (2).

« A voir ses flancs maigres, on croirait un léopard couché.

(1) L'auteur a traduit ce passage dans les *Adieux de l'hôtesse arabe*.

— Ses pieds fouillent le sol; sa croupe est belle à voir,
Ferme, ronde et luisante, ainsi qu'un rocher noir
Que polit une onde rapide.

(2) Il y a ici quelque chose de tout à fait primitif, et qui pourrait tout au plus se traduire en latin.

« Son cou est comme le palmier élevé entre les palmiers auquel a mis le feu un ennemi destructeur (1).

« Les crins qui flottent sur les côtés de sa tête sont comme les boucles des femmes qui traversent le désert, montées sur des cavales, par un jour de vent.

« Son front ressemble au dos d'un bouclier fabriqué par une main habile.

« Ses narines rappellent l'idée d'un antre de bêtes féroces et d'hyènes, tant elles soufflent violemment.

« Les poils qui couvrent le bas de ses jambes sont comme des plumes d'aigle noir, qui changent de couleur quand elles se hérissent.

« Quand tu la vois arriver à toi, tu dis : C'est une sauterelle verte qui sort de l'étang.

« Quand elle s'éloigne de toi, tu dirais : C'est un trépied solide qui n'a aucune fente (2).

« Si tu la vois en travers, tu diras : Ceci est une sauterelle qui a une queue et la tend en arrière.

« Le fouet en tombant sur elle produit le bruit de la grêle.

« Elle court comme une biche que poursuit un chasseur.

« Elle fait des sauts pareils au cours des nuages qui passent sur la vallée sans l'arroser, et qui vont se verser sur une autre. »

Que les lecteurs d'un esprit prompt exercent sur ce tableau les forces de leur imagination, s'écrie, à propos de ce beau et bizarre passage, ce bon Allemand Reiske, qui préférait si énergiquement le *chameau frugal de Tarafa* au *cheval Pégase*.

TRAVERSÉE DU DÉSERT PENDANT LA NUIT.

« Je me plonge dans les anfractuosités des précipices, dans des solitudes où sifflent les djinns et les gouls.

« Par une nuit sombre, dans une effusion de ténèbres, je marchais, et mes compagnons flottaient comme des branches, par l'effet du sommeil.

« C'était une obscurité vaste comme la mer, horrible, au sein de laquelle le guide s'égarait; qui retentit des cris du hibou, où périt le voyageur effrayé.

PENDANT LE JOUR.

« On entendait le vent gémir dans les profondeurs des précipices.

« Et nous marchions à l'heure de midi, traversant les souffles brûlants et empestés qui mettent en fusion les fibres du cerveau.

« Ma chamelle était rapide comme le *katha* (3) qui traverse le désert,

« Qui y vient chercher de l'eau, et se jette sur une source dont on n'a jamais approché, tant elle est entourée de solitudes impénétrables.

« De même je m'enfonce dans une plaine poussiéreuse, dont le sable agité ressemble à un vêtement rayé (4).

« Je me plonge dans l'abîme des vapeurs dans lesquelles les bornes (5) ressemblent à des pêcheurs assis sur des écueils au bord de la mer.

(1) Son cou est fumant.
(2) Ceci est des mœurs : on dresse un trépied dans le désert pour faire la cuisine.
(3) Oiseau du désert qui vole d'instinct à toutes les sources d'eau.
(4) Cette belle et pittoresque expression a été traduite par l'auteur dans cette strophe de *Mazeppa* :

Et si l'infortuné, dont la tête se brise,
Se débat, le cheval qui devance la brise,
D'un bond plus effrayé
S'enfonce au désert vaste, aride, infranchissable,
Qui devant eux s'étend avec ses plis de sable,
Comme un manteau rayé.

(5) Qui indiquent les chemins.

« Ma chamelle passait où il n'y avait pas de route, où il n'y avait pas d'habitants.

« Et elle faisait voler la poussière, car elle passait comme la flèche lorsqu'elle fuit l'arc qui la lance au loin. »

Ces deux tableaux sont d'*Omaïah ben Aïedz*, poète de la tribu poétique des Hudeilites, qui habitait au couchant de la Mecque.

Voici un fragment, plus ancien encore, admirable de profondeur et de mélancolie : c'est beau autrement que Job et Homère, mais c'est aussi beau.

« La fortune m'a fait descendre d'une montagne élevée dans une vallée profonde;

« La fortune m'avait élevé par la profusion de ses richesses; à présent je n'ai d'autre bien que l'honneur.

« Le sort me fait pleurer aujourd'hui : combien il m'a fait sourire autrefois !

« Si ce n'étaient des filles à moi, faibles et tendres comme le duvet des petits kathas (1),

« Certes, j'aimerais à être agité de long en large sur la terre ;

« Mais nos enfants sont comme nos entrailles, nous en avons besoin.

« Mes enfants! si le vent soufflait sur l'un d'eux, mes yeux resteraient fixes. »

RENCONTRE DES TRIBUS.

« Ils se précipitèrent avec violence sur la tribu, et dispersèrent l'avant-garde comme un troupeau d'ânes sauvages ; mais ils rencontrèrent un nuage plein de grêle (2).

« Les lances, en se plongeant dans le sang, rendaient un son humide comme celui de la pluie qui tombe dans la pluie (3); les épées, en frappant, rendaient un son sec comme quand on fend du bois.

« Les arcs rendaient des sifflements confus comme ceux d'un vent du Sud qui pousse une eau glacée.

« On eût dit que les combattants étaient sous un nuage d'été qui s'épure en versant sa pluie, tandis que de petites nuées amoncelées lancent leurs éclairs. »

Le morceau suivant, qui est de Rabiah ben al Kouden, nous semble remarquable par le désordre lyrique des idées. Il est curieux de voir de quelle façon les images s'engendrent une à une dans le cerveau du poète, et de retrouver Pindare sous la tente de l'Arabe.

« Tous les soirs suis-je donc condamné à être poursuivi de l'ombre de Chemma ? Quoiqu'elle ait éloigné de moi sa demeure, causera-t-elle mon insomnie ?

« A l'heure de la nuit je vois de son côté s'élever vers la contrée de Riân un éclair vacillant qui vibre.

« Je veille pour le regarder : il ressemble à la lampe de l'ennemi, brillant dans une citadelle bien fermée, inaccessible.

« O mère d'Omar! c'est une tour que redoute le vil poltron ; sa tête se lève comme une pointe aiguë.

« Les petits nuages blancs s'arrêtent sur son sommet ; on dirait les fragments de toile que tend un tisserand.

« J'y ai monté : les étoiles enlacées comme un filet la touchaient : j'y ai atteint avant que l'aurore fût complète.

« Les étoiles tendant vers le couchant semblaient ces blanches vaches sauvages qui s'enfuient du bord de l'étang où elles s'abreuvaient.

« J'avais un arc jaune que la main aimait toucher, mais moi seul l'avais touché ; comme une femme chaste, nul ne l'avait tenu que moi.

(1) Oiseaux du désert.
(2) Le poète ne se serait point borné à dire *un nuage* dans ce cas : un nuage est bienfaisant pour des Arabes. Mais il dit un nuage *plein de grêle*, malfaisant.
(3) La langue française n'a pas de mot pour rendre ce bruit de l'eau qui tombe dans l'eau : les Anglais ont une expression parfaite, *splash*. Le mot arabe est bien imitatif aussi, *ghachghachâ*.

« J'étendis sur mon arme mon vêtement qui l'a protégée toute la nuit contre la pluie qui s'entrelaçait dans l'air.

« Le chemin qui conduit au château est uni comme le front d'une épouse, et je ne m'aperçus pas de sa longueur.

« Les rangs de pierres qui le bordent sont comme les deux os qui s'élèvent de chaque côté de la tête (1).

Les extraits qu'on va lire sont du *Hamasa*, et sont inédits, en France du moins, car une édition de ce grand recueil s'imprime en Allemagne avec une version latine.

Kotri ben al Fedjat el Mazeni dit :

« Au jour de la mêlée, aucun de vous n'a été détourné par les nombreux dangers de mort.

« Il semblait que j'étais le but des lances (2), tant il m'en venait de la droite et de devant moi !

« Tant ce qui coulait de mon sang et du sang que je faisais couler colora ma selle et le mors de mon cheval.

« Et je revins ; j'avais frappé ; car je suis comme le cheval de deux ans qui a toute sa croissance ; je suis comme ce cheval de cinq ans qui a toutes ses dents. »

Chemidher el Islami, du temps de l'Islam, dit :

(Après avoir tué celui qui avait tué son frère par surprise.)

« Enfants de mon oncle ! ne me parlez plus de poésie, après l'avoir enterrée dans le désert de Ghomeïr (3).

« Nous ne sommes pas comme vous, qui attaquez sans bruit ; nous faisons face à la violence, et nous jugeons en *cadis*.

« Mais nos arrêts contre vous, ce sont les épées, et nous sommes contents quand les épées le sont (4).

« J'ai souffert de voir la guerre s'étendre entre nous et vous, enfants de mon oncle ! c'est cependant une chose naturelle.

Du temps de l'Islam, Oueddak ben Tsomeïl el Mazeni dit :

(La tribu de Mazen, dont faisait partie le poëte, possédait près de *Barrah* un puits nommé *Safouan*. Les *Benou Scheïban* le lui disputèrent. Tel est le sujet.)

« Doucement, *Benou Scheïban*, ceux qui nous menacent parmi nous rencontreront demain une bonne cavalerie près de Safouan.

« Des chevaux choisis que n'intimide point le bruit du combat dans l'étroit champ de bataille se rapproche,

« Et des hommes intrépides dans la mêlée ; ils s'y jettent, et chacun de leurs pas porte une épée d'Yémen, aux deux tranchants affilés.

« Ils sont superbes, vêtus de cuirasses ; ils ont des coups à porter pour toutes les blessures.

« Vous les rencontrerez, et vous reconnaîtrez des gens patients dans le malheur.

« Quand on les appelle au secours, ils sont toujours prêts, et ne demandent point pour quelle guerre ou en quel lieu. »

Salma ben Iezid al Djofi sur la mort d'un frère :

« Je dis à mon âme, dans la solitude, et je la blâme : — Est-ce là de la constance et de la fermeté ?

« Est-ce que tu ne sais pas que depuis que je vis je n'ai rencontré ce frère qu'au moment où le tombeau s'est ouvert entre lui et moi ?

« Je semblais comme la mort, à cette séparation d'une nuit, et quelle séparation que celle qui ne doit cesser qu'au jour du jugement !

« Ce qui calmait ma douleur, c'était de penser qu'un jour je le suivrais, quelque douce que soit la vie !

« C'était un jeune homme vaillant, qui donnait à l'épée son dû dans le combat.

« Quand il était riche, il se rapprochait de son ami ; il s'en éloignait quand il était pauvre. »

FRAGMENTS.

« Que Dieu ait pitié de Modrek, au jour du compte et de la réunion des martyrs (1) !

« Bon Modrek, il regardait son compagnon de route comme un voisin, même quand ses provisions de voyage ballottaient dans le sac. — Auteur inconnu. —

Rita, fille d'Asem, dit :

« Je me suis arrêtée devant les tentes de ma tribu, et la douleur et les soupirs des pleureuses m'ont fait verser des larmes.

« Comme des épées du *Hind*, ils couraient s'abreuver de mort dans le champ de bataille.

« Ces cavaliers étaient les gardiens des tentes de la mort, et leurs lances étaient croisées comme les branches dans une forêt. »

Abd-ebn-al-Tebib dit :

« La paix de Dieu soit sur Keïs-ben-Asem, et sa miséricorde !

« La mort de Keïs ne fut point la mort d'un seul, mais l'écroulement de l'édifice d'un peuple. »

Ces quatre derniers morceaux sont tirés de la seconde partie du *Hamasa* : cette seconde partie a pour titre : *Section des chants de mort*.

Les morceaux qui suivent sont extraits du divan de la tribu de Hodeïl.

« *Taabatà Cherrân* (un des héros du désert) et deux de ses compagnons rencontrèrent *Barik* : celui-ci s'éloigna d'eux, monta sur un rocher, ensuite il répandit ses flèches à terre. — Oh ! l'un de vous, dit-il, sera sorti le premier, un autre le suivra, et quant au troisième, je le secouerai comme le vent fait de la poussière. Et Barik fit là-dessus ces vers :

« C'était dans le pays de Thabit (2), et ses deux compagnons le suivaient !

« Il excitait ses compagnons, et je dis : — Doucement ! la mort vient à celui qui vient à elle.

« Et je montrais mon carquois, dans lequel il y avait des flèches longues et qui, comme le feu, avaient des pointes brillantes.

« — Il en aura de vous un de mort avant moi ; je fais grâce au plus vil des trois pour annoncer votre mort !...

« L'un suivra l'autre ; quant au troisième et à moi, nous ferons comme un tourbillon de poussière...

« Thabit regarda le monticule qui le dominait, et s'y dirigea pour l'atteindre.

« Il dit : A lui et à vous deux ! — J'ai passé contre la mort, enfin je l'ai laissée le tendon coupé (impuissante). »

La fin de ce poëme est un peu obscure ; c'est le défaut de toute haute poésie, et surtout de toute poésie spéciale et primitive.

---

(1) Les tempes.
(2) L'anneau dans lequel on s'exerce à viser.
(3) Vous avez fui, vous vous êtes déshonorés, ou : vous avez enterré la poésie, source de toute gloire.
(4) Quand elles sont ébréchées à force de frapper, dit le commentateur ; qu'importe le commentateur ?

(1) De l'Islam.
(2) Nom de Taabatà Cherrân.

FRAGMENTS.

« Tu as loué Leïla en rimes qui, par leur enchaînement, donnent l'idée d'une étoffe rayée d'Yémen.

. . . .

« Est-ce que les grasses et pesantes queues de brebis, mangées avec le lait aigre, sont comme le lait doux et crémeux des chamelles paissant des herbes douces, mangées avec la bosse délicate du chameau?

« Est-ce que l'odeur du genévrier et de l'âcre *cheth* (1) ressemble à l'odeur de la violette sauvage (*khosama*), ou au frais parfum de la giroflée?

. . . .

« On dirait que tu ne connais d'autre femme qu'*Omm Nafi*.

« On dirait que tu ne vois pas d'autre ombre dont les hommes puissent désirer le frais, que son ombre, et aucune beauté sans elle.

. . . .

« Est-ce qu'Omm Naufel nous a reveillés pour partir dans la nuit? Aise et bonheur au voyageur nocturne qui hâte le pas!

« Elle nous a réveillés, comme dans le désert sablonneux d'Alidj Omaya a tiré du sommeil ceux de la tribu de Madjdel :

« Elles s'avancent toutes, deux la nuit, de peur que les chameaux fatigués ne les laissent dans l'embarras.

« J'ai vu, et mes compagnons l'ont vu aussi, le feu de Oueddan, sur une éminence. C'était un bon feu, un feu bien flambant.

« Quand ce feu languit, étouffé par la brume, tout à coup on le voit se ranimer en couronne de flammes.

« J'ai dit à mes compagnons : Suivez-moi, et ils descendirent de leurs chevaux bons coureurs, sveltes.

« Nous nous reposâmes un court instant comme le katha, et les chamelles rapides aux jambes écartées nous emportèrent. »

Il y a encore de l'obscurité dans ces fragments, mais il nous semble que la grâce et le sublime percent au travers.

Voici le début d'un poëme composé par Schanfari, poëte de la tribu d'Azed et coureur de profession :

« Enfants de ma mère, montez sur vos chameaux; moi, je me dirige vers d'autres gens que vous.

« Les choses du voyage sont prêtes, la lune brille, les chameaux sont sanglés et sellés.

« Il est sur la terre un lieu où l'on ne craint point la haine, un refuge contre le mal.

« Par ma vie! la terre n'est jamais étroite pour l'homme sage qui sait marcher la nuit vers l'objet de ses désirs, ou loin de l'objet de ses craintes.

« J'aurai d'autres compagnons que vous; un loup endurci à la course, un léopard leste : avec eux on ne craint point de voir son secret trahi.

« Tous sont braves, repoussent l'insulte, et moi, comme eux, je m'élance sur l'ennemi à la première attaque! »

Quel ton de grandeur, de tristesse et de fierté dans ce début! Tel est le caractère général de ces poëmes de cent vers au plus que les Arabes nomment *Cassideh*.

Un autre poëte du divan de *Bochteri*, recueil de poésies

(1) Herbe qui sert à tanner.

d'hommes inconnus, fleurs du désert dont il ne reste que le parfum, dit :

« Quand je vis les premiers ennemis paraître à travers les tamarins et les arbres épineux de la vallée,

« Je pris mon manteau sans me tourner vers personne; je haïssais l'homme comme le hait le chameau à qui on vient de percer les narines (1).

Des Arabes aux Persans la transition est brusque; c'est comme une nation de femmes après un peuple d'hommes. Il est curieux de trouver à côté de ce que le génie a de plus simple, de plus mâle, de plus rude, l'esprit, rien que l'esprit, avec tous ses raffinements, toutes ses manières efféminées. La barbarie primitive, la dernière corruption, l'enfance de l'art et la décrépitude. C'est le commencement et la fin de la poésie qui se touchent. Au reste, il y a beaucoup d'analogie entre la poésie persane et la poésie italienne. Des deux parts, madrigaux, concetti, fleurs et parfums. Peuples esclaves, poésies courtisanesques. Les Persans sont les Italiens de l'Asie.

GHAZEL.

« Si je voyais cette enchanteresse dans mon sommeil, je lui ferais le sacrifice de mon esprit et de ma foi.

« Si un instant je pouvais placer mon front sous la plante de son pied,

« Je ne tournerais plus mon visage vers la terre.

« Si elle me disait : Ce pied est un esclave dans ma cour,

« Je placerais ce pied sur la neuvième sphère céleste.

« Oh! ne dénoue pas ces tresses à l'odeur du jasmin;

« Ne fais pas honte aux parfums de la Chine.

« Oh! Rafi-Eddin, avec candeur et sincérité, fais de la poussière qu'elle foule le chemin de ton front.

— Rafi-Eddin. —

AUTRE.

« Quel est le plus épars de tes cheveux ou de mes sens? Quel est l'objet le plus petit, ta bouche ou le fragment de mon cœur brisé?

« Est-ce la nuit qui est la plus noire ou ma pensée, ou le point qui orne ta joue? Quel est le plus droit, de ta taille, d'un cyprès ou de mes paroles d'amour?

« Qui va chercher les cœurs? ton approche, ou mes vers qui épanouissent l'âme? quel est le plus pénible, de tes refus ou de mes plaintes qui brûlent?

— Chahpour Abhari. —

Mais assez d'antithèses; voici un *Ghazel* d'une vraie beauté, d'une beauté arabe :

« Ceux qui volent à la recherche de la Caaba (2), quand ils ont enfin atteint le but de leurs fatigues,

« Voient une maison de pierre, haute, révérée, au milieu d'une vallée sans culture;

« Ils y entrent, afin d'y voir Dieu; ils la cherchent longtemps et ne le voient point.

« Quand avec tristesse ils ont parcouru la maison, ils entendent une voix au-dessus de leurs têtes :

(1) Pour passer l'anneau qui sert à le conduire.
(2) Maison apportée du ciel par les anges, et où Abraham professa la doctrine d'un Dieu unique. Une autre tradition raconte que c'est le lieu où se rencontrèrent Adam et Eve après une longue séparation sur la terre. Ce temple fut dès la plus haute antiquité le point de pèlerinage des Arabes, que les musulmans continuent d'observer.

« O adorateurs d'une maison! pourquoi adorer de la pierre et de la boue? Adorez l'autre maison, celle que cherchent les élus! »

— Djelal Eddin Roumi. —

Ce poëte est célèbre dans l'Orient. Il était très-avancé dans le mysticisme des soufis, dont les hauts degrés sont un état de quiétude complète, d'*anéantissement* : c'est le mot dont ils se servent.

Ferideddin Attar, dans son poëme mystique le *Langage des Oiseaux*, définit d'une façon remarquable cet état d'anéantissement ou de *pauvreté*, comme ils disent encore :

« L'essence de cette région est l'oubli; c'est la surdité, le mutisme, l'évanouissement.

« Un seul soleil efface à tes yeux cent mille ombres.

« L'océan universel, s'il s'agite, comment les figures tracées sur les eaux resteront-elles en place?

« Les deux mondes, le présent et l'avenir, sont les images que présente cette mer; celui qui dit : Ce n'est rien est dans une bonne voie.

« Quiconque est plongé dans l'océan du cœur a trouvé le repos dans cet anéantissement.

« Le cœur, plein de repos dans cet océan, le cœur n'y trouve autre chose que le *ne pas être.* »

(Notes du *Pend-Namèh* de *Ferideddin Attar*, publié par monsieur S. de Sacy.)

Voici six beaux vers de *Ferdoussi*, le célèbre auteur du Chah-Namèh (*Livre des Rois*).

Quand la poussière se leva à l'approche de l'armée,
Les joues de nos illustres soldats devinrent pâles;
Alors je levai cette hache de Ickchm (1),
Et d'un coup je fis un passage à mon armée.
Mon coursier poussait des cris comme un éléphant furieux :
La plaine était agitée comme les flots du Nil.

Jones a publié ce fragment en anglais. *Togrul ben Arslan*, le dernier des *Seljoukides*, répéta ces vers à haute voix dans la bataille où il périt.

Le commencement du poëme de *Sohrab*, dans Ferdoussi, ne nous semble pas moins remarquable :

« J'ai appris d'un mobed (2) que Rustem se leva dès le matin.

« Son esprit était chagrin; il se prépara à la chasse; il ceignit sa masse, et remplit son carquois de flèches.

« Il sortit; il sauta sur Rakch (3), et fit partir ce cheval à forme d'éléphant.

« Il tournait la tête vers la frontière du Touran, comme un lion furieux qui a vu le chasseur.

« Quand il fut arrivé aux bornes du Touran, il vit le désert plein d'ânes sauvages.

« Le donneur de couronnes (Rustem) rougit comme la rose; il fit un mouvement et lança Rakch.

« Avec les flèches, et la masse et le filet, il jeta à terre des troupes de gibier. »

Nous terminons ces extraits par un *pantoum* ou chant malai d'une délicieuse originalité :

PANTOUM MALAI.

Les papillons jouent à l'entour sur leurs ailes,
Ils volent vers la mer, près de la chaîne de rochers.

(1) Surnom de Sam, fils de Neriman; Sam était le père de Rustem, et c'est ce héros qui se bat armé de la hache de son père.
(2) Prêtre des mages.
(3) Son cheval.

Mon cœur s'est senti malade dans ma poitrine,
Depuis mes premiers jours jusqu'à l'heure présente.

Ils volent vers la mer, près de la chaîne des rochers...
Le vautour dirige son essor vers *Bandam*.
Depuis mes premiers jours jusqu'à l'heure présente,
J'ai admiré bien des jeunes gens :

Le vautour dirige son essor vers *Bandam*...
Et laisse tomber de ses plumes à *Patani*.
J'ai admiré bien des jeunes gens;
Mais nul n'est à comparer à l'objet de mon choix.

Il laisse tomber de ses plumes à Patani...
Voici deux jeunes pigeons!
Aucun jeune homme ne peut se comparer à celui de mon choix,
Habile comme il l'est à toucher le cœur.

Nous n'avons point cherché à mettre d'ordre dans ces citations. C'est une poignée de pierres précieuses que nous prenons au hasard et à la hâte dans la grande mine d'Orient.

ROMANCE MAURESQUE.

XII

Page 29.

Il y a deux romances, l'une arabe, l'autre espagnole, sur la vengeance que le bâtard Mudarra tira de son oncle Rodrigue de Lara, assassin de ses frères. La romance espagnole a été publiée en français dans la traduction que nous avons déjà citée (note LX). Elle est belle, mais l'auteur de ce livre a souvenir d'avoir lu quelque part la romance mauresque traduite en espagnol, et il lui semble qu'elle était plus belle encore. C'est à cette dernière version plutôt qu'au poëme espagnol que se rapporte la sienne, si elle se rapporte à l'une des deux. La romance castillane est un peu sèche, on y sent que c'est un Maure qui a le beau rôle.

Il serait bien temps que l'on songeât à republier, en texte et traduit, sur les rares exemplaires qui en restent, le *Romancero general*, mauresque et espagnol, trésors enfouis et tout près d'être perdus. L'auteur le répète ici : ce sont deux Iliades, l'une gothique, l'autre arabe.

LES BLUETS.

XIII

Page 31.

Nous avons cru devoir scrupuleusement conserver l'orthographe des vers placés comme épigraphe en tête de cette pièce.

Si es verdad, ó non yo no lo hy de ver,
Pero non lo quiero en olvido poner.

Ces vers, empruntés à un poëte curieux et inconnu, Segura de Astorga, sont de fort vieil espagnol. Si nous n'avions craint d'enlever sa physionomie au vieux *Joan* (et non pas Juan), il aurait fallu écrire : *Si es verdad ó no yo no le he aqui de ver, pero no le quiero en olvido poner. Hy*, dans le passage ci-dessus, est pour *aqui*, comme il est pour *alli* dans un autre passage du même poëte, qui sert d'épigraphe à *Nourmahal la Rousse* :

Non es bestia que non fus *hy* trobada.

non fus pour *no fuese*.

BOUNABERDI.

XIV

Page 38.

Le nom de *Buonaparte*, dans les traditions arabes, est devenu *Bounaberdi*. Voyez à ce sujet une note curieuse du beau poëme de messieurs Barthélemy et Méry, *Napoléon en Égypte.*

LUI.
XV
Page 39.

Qu'il hante de Pœstum l'auguste colonnade.

Il eût fallu dire la route de Pœstum; car de Pœstum même on ne voit pas le Vésuve.

NOVEMBRE.

XVI
Page 41.

Je te raconte aussi comment aux Feuillantines
Jadis tintaient pour moi les cloches argentines.

L'ancien couvent des Feuillantines, quartier Saint-Jacques, où s'est écoulée une partie de l'enfance de l'auteur.

FIN DES NOTES DES ORIENTALES.

TABLE

Préface. 1	XXII. Vœu. 26
I. Le feu du ciel. 4	XXIII. La ville prise. . . . . . . *ib.*
II. Canaris. 7	XXIV. Les adieux de l'hôtesse arabe. . . *ib.*
III. Les têtes du sérail. 9	XXV. Malédiction. 27
IV. Enthousiasme. 12	XXVI. Les tronçons du serpent. . . *ib.*
V. Navarin. . . . . *ib.*	XXVII. Nourmahal la rousse. . . . 28
VI. Cri de guerre du mupliti. . . 15	XXVIII. Les djinns. . . . . . . *ib.*
VII. La douleur du pacha. . . . *ib.*	XXIX. Sultan Achmet. 29
VIII. Chanson de pirates. 16	XXX. Romance mauresque. . . . *ib.*
IX. La captive. 17	XXXI. Grenade. 30
X. Clair de lune. 18	XXXII. Les bluets. 31
XI. Le voile. . . . . *ib.*	XXXIII. Fantômes. 33
XII. La sultane favorite. 19	XXXIV. Mazeppa. 35
XIII. Le derviche. 20	XXXV. Le Danube en colère. . . . 36
XIV. Le château-fort. . . . . . *ib.*	XXXVI. Rêverie. 37
XV. Marche turque. . . . . . . *ib.*	XXXVII. Extase. . . . . *ib.*
XVI. La bataille perdue. 21	XXXVIII. Le poëte au calife. . . . 38
XVII. Le ravin. 22	XXXIX. Boudaberdi. . . . . . . *ib.*
XVIII. L'enfant. . . . . *ib.*	XL. Lui. . . . . *ib.*
XIX. Sara la baigneuse. . . . . *ib.*	XLI. Novembre. 39
XX. Attente. 23	Notes. 42
XXI. Lazzara. 24	

www.ingramcontent.com/pod-product-compliance
Lightning Source LLC
LaVergne TN
LVHW022208080426
835511LV00008B/1635